DK GUÍAS VISUALES

AF277096

TOP **10**
CRETA

Top 10 Creta

Lo mejor de Creta

CONTENIDOS

Recorridos por Creta

Datos útiles

Las listas Top 10 de esta guía no siguen un orden jerárquico en cuanto a calidad o popularidad. Cualquiera de las 10 opciones, a juicio del editor, tiene el mismo mérito.

Cubierta y lomo *La pintoresca ciudad costera de Agios Nikolaos*
Contraportada, en el sentido de las agujas del reloj *Molinos de viento, meseta de Lasithi; puerto veneciano, La Canea; iglesia de cúpula roja sobre un acantilado; Agios Nikolaos; calle pintoresca en el casco antiguo de Rethymnon*

Debido a la pandemia de COVID-19 muchos hoteles, restaurantes y tiendas han modificado sus horarios o se han visto obligadas a cerrar. Por favor, consulte con cada establecimiento antes de acudir.

Toda la información de esta Guía Visual Top 10 se comprueba regularmente. Se han hecho todos los esfuerzos para que esta guía esté lo más actualizada posible a fecha de su edición. Sin embargo, algunos lugares han podido cerrar y algunos datos, como números de teléfono, horarios, precios e información práctica, pueden sufrir cambios. La editorial no se hace responsable de las consecuencias que se deriven del uso de este libro, ni de cualquier material que aparezca en los sitios web de terceros, además no puede garantizar que todos los sitios web de esta guía contengan información de viajes fiable. Valoramos mucho las opiniones y sugerencias de nuestros lectores. Puede escribir al correo electrónico: travelguides@dk.com

Bienvenido a
Creta

Montañas coronadas con nieve. Playas de arena con palmeras. Lagunas de color azul turquesa. Hogar de los antiguos minoicos, un pueblo creativo que construyó en este lugar sus palacios hace unos 4.000 años. Así es Creta, una isla que se levanta en el Mediterráneo al sur de la Grecia continental. Con la Guía Top 10 de Creta ya puede comenzar a explorarla.

La civilización minoica, que nunca desarrolló un ejército porque no tenía enemigos, es considerada como la primera que se dedicó al ocio. Por eso parece adecuado que, en la actualidad, cada verano decenas de miles de personas inunden la isla para disfrutar de una relajante escapada o de sus maravillosos amaneceres. Actualmente, los visitantes se sienten atraídos por las playas de arena dorada, las informales tabernas de marisco y la hospitalidad de los lugareños, así como por las magníficas ciudades portuarias de la etapa veneciana: Herakleion, La Canea y Rethymnon.

Otros vienen a Creta a conocer su historia y su cultura, a explorar los yacimientos arqueológicos de la **antigua Knossos, Gortina, Festos y Spinalonga,** y para visitar el **Museo Arqueológico de Herakleion** y el melancólico **Moni Arkadiou.** Los entusiastas de las aventuras al aire libre se sienten atraídos por la naturaleza salvaje del interior de la isla. Se pueden hacer rutas de senderismo por la **garganta de Samaria** o de bicicleta por el **valle de Amari** a los pies del **monte Ida.** Los amantes de la buena mesa pueden detenerse para probar y comprar los saludables productos locales.

Tanto para un fin de semana como para una semana completa, esta guía Top 10 reúne lo mejor que Creta puede ofrecer, desde la ciudad de Knossos al romántico enclave portuario de La Canea. La guía le dará todo tipo de consejos –desde saber qué es gratis a cómo evitar las muchedumbres– y cinco itinerarios fáciles de seguir diseñados para que pueda ver los lugares turísticos imprescindibles. **Disfrute de la guía y disfrute de Creta.**

Desde arriba y en el sentido de las agujas del reloj: puerto de Loutro; molinos de la meseta de Lasithi; Moni Arkadiou; la fortaleza de Frangocastello; murales de Knossos; puerto de La Canea; la laguna de Balos

Explorar Creta

Creta es una gran isla que se extiende 260 km de este a oeste, y merece una visita de por lo menos una semana, idealmente dos. Le ofrecemos ideas para conocer lo más destacado en poco tiempo, incluyendo los lugares antiguos y modernos, y le proponemos actividades de interior y al aire libre.

Este fragmento de fresco pertenece a Knossos

La fortaleza veneciana de Rhethymnon se encuentra en una estribación rocosa mirando al mar

Leyenda
— Itinerario de dos días
— Itinerario de siete días

Dos días en Creta

Día ❶
MAÑANA
Comience en la antigua **Knossos** *(ver pp. 12-13)*, en las ruinas del palacio minoico. Después diríjase a **Herakleion** *(ver pp. 16-17)*, la capital de Creta, y explore la colección del **Museo Arqueológico de Herakleion** *(ver pp. 18-19)*.

TARDE
Pase la tarde en el casco antiguo y admire los monumentos de la época veneciana. Más tarde conduzca hasta **La Canea** *(ver pp. 20-21)* y cene pescado y marisco.

Día ❷
MAÑANA
Pasee por **La Canea**, con su puerto pesquero y su colorido mercado. Conduzca hasta **Rethymnon** *(ver pp. 26-27)* y llegue a tiempo para comer.

TARDE
Explore la fortaleza veneciana de Rethymnon, y después aproveche para darse un baño en la playa rodeada de palmeras. Regrese a Herakleion por la noche para cenar.

Siete días en Creta

Día ❶
Dedique su primer día a **La Canea** *(ver pp. 20-21)* con su hermoso casco antiguo. Visite el **Museo Arqueológico** *(ver p. 49)*, y luego disfrute de un baño en **Agioi Apostoli** *(ver p. 21)*. Cene en **Portes** *(ver p. 109)* y vaya a tomar algo al **Synagogi Bar** *(ver p. 108)*.

Día ❷
Dedique la jornada a hacer una excursión a la garganta de **Samaria** *(ver pp. 30-31)*. Lleve buenas botas para caminar, un almuerzo y abundante agua. Esta ruta le llevará hasta la costa sur de **Agia Roumeli** *(ver p. 65)*, con su playa de arena negra. Tome un baño y después coja el ferri de la costa hasta Chora Sfakion, desde donde un autobús lo llevará hasta La Canea.

La playa de Matala, en la costa sur de Creta, está rodeada de acantilados rojos

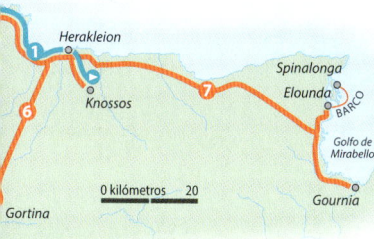

Día ❸
Conduzca por la costa hasta **Rethymnon** *(ver pp. 26-27)* y explore los monumentos venecianos del casco antiguo. Después de comer vaya a tomar un baño a la playa rodeada de palmeras. Cene en **Avli** *(ver p. 109)*, y después tómese en copa en el **Garden of Ali Vafi** *(ver p. 108)*.

Día ❹
Explore el interior del oeste de Creta. Conduzca hasta el monasterio fortificado de **Moni Arkadiou** *(ver pp. 36-37)* con su iglesia del siglo XVI y su museo. Diríjase al remoto **valle de Amari** *(ver pp. 32-33)*, salpicado de pueblos rurales e iglesias bizantinas. Regrese a Rethymnon para cenar.

Día ❺
Conduzca hacia el oeste hasta **Knossos** *(ver pp. 12-13)* para ver las ruinas de su palacio minoico. Después diríjase a **Herakleion** *(ver pp. 16-17)*, donde puede explorar su maravilloso casco antiguo veneciano y ver los impresionantes tesoros del **Museo Arqueológico de Herakleion** *(ver pp. 18-19)*.

Día ❻
Conduzca hacia el sur para ver dos yacimientos arqueológicos más: uno romano en **Gortina** *(ver pp. 28-29)* y otro minoico en **Festos** *(ver pp. 24-25)*. Explore las cuevas y relájese en la playa de arena blanca de **Matala** *(ver p. 93)* antes de regresar a Herakleion.

Día ❼
En su último día vaya hacia el este por la costa de **Gournia** *(ver pp. 34-35)*, otro impresionante yacimiento minoico. Más tarde vaya a comer a **Elounda** *(ver p. 110)*. Por la tarde haga un viaje en barco desde Elounda a la isla fortaleza de **Spinalonga** *(ver p. 11)*, que se levanta entre las aguas azules del golfo de Mirabello. Regrese a Herakleion por la noche.

Top 10 Creta

**La mezquita dentro de la fortaleza
veneciana en ruinas de Rethymnon**

🔟 Lo esencial de Creta

Aunque pertenece a Grecia, Creta parece un país con una historia y una cultura propias. Los minoicos florecieron en este lugar hace más de 4.000 años. Griegos, romanos, bizantinos, sarracenos, venecianos y otomanos también dejaron su huella. Este patrimonio se encuentra en un paisaje con montañas y playas bañadas por un mar azul.

Knossos ❶
El palacio minoico es una reliquia del mundo mediterráneo antiguo que fue reconstruido a principios del siglo XX (ver pp. 12-15).

Herakleion ❷
La capital de Creta está formada por una combinación de fortificaciones venecianas medievales, animados mercados y calles modernas (ver pp. 16-19).

La Canea ❸
Esta pequeña y hermosa ciudad portuaria, con playas, tiendas y restaurantes al aire libre, constituye una buena base para recorrer el oeste de Creta (ver pp. 20-21).

Festos ❹
Este palacio minoico ofrece un fascinante laberinto de muros, escaleras y patios sobre una ladera con vistas a la llanura de Messara y la costa sur (ver pp. 24-25).

Rethymnon 5

La tercera ciudad mayor de Creta tiene una rica historia. Un inmenso castillo, mezquitas turcas, casas venecianas, mercados y un paseo marítimo forman parte de su atractivo *(ver pp. 26-27)*.

6 Gortina

Las fortificaciones postminoicas, el ágora, la acrópolis, las basas de columnas romanas y las ruinas de una basílica bizantina son testimonio de su pasado *(ver pp. 28-29)*.

Garganta de Samaria 7

Los montes Blancos dominan el suroeste de la isla. Gran parte de este accidentado macizo, cubierto de pinos y dividido por la hermosa garganta de Samaria *(ver pp. 30-31)*, es accesible solo a pie.

Mar de Creta

Herakleion · Hersonissos · Malia · Aghios Ióannis · Sideros
Knossos · Neapolis · Spinalonga 9
Oros Dikti · Agios Nikolaos · Sitia · Vaï
Panagia · Gournia · Kato Zakros
Agioi Deka · Marta · Sikea · Makrygialos
Gortina · Pirgos · Ierapetra
Oros · ogeia · 1 · 2

8 Valle de Amari y monte Ida

Sus pueblos, zonas montañosas y cuevas se pueden recorrer en coche o en una visita guiada *(ver pp. 32-33)*.

9 Spinalonga

La ciudad minoica mejor conservada está formada por calles estrechas y casas diminutas, dispuestas alrededor de un pequeño palacio *(ver pp. 34-35)*.

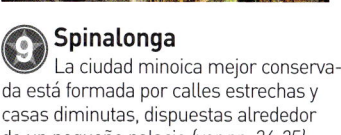

Moni Arkadiou 10

Del siglo XVI, es un lugar muy tranquilo pero con un pasado trágico, así como el monasterio ortodoxo de Creta más querido *(ver pp. 36-37)*.

TOP 10 ★ Knossos

Knossos está lleno de misterio y encanto. Según la mitología griega, en este palacio vivió el rey Minos, que mandó a Dédalo construir el laberinto para encerrar en él al Minotauro. Leyendas aparte, fue el corazón de un importante imperio que dominó el Egeo hace más de 4.000 años, durante la edad del bronce. Esta parte de su historia empezó a desvelarse a principios del siglo XX, cuando el británico *sir* Arthur Evans comenzó las excavaciones del yacimiento.

1 Piano nobile
Esta enorme habitación llamada el "salón de nobles" porque debía de ser la sala de audiencias está decorado con una copia del fresco de los saltadores de toros, la imagen más famosa de Knossos.

2 Almacenes
Los almacenes contienen *pithoi*, unas enormes vasijas de barro *(arriba)* usadas para almacenar aceite de oliva, aceitunas, grano y otras provisiones. Tenían una capacidad de hasta 200 litros y aún hoy se fabrican.

3 Patio central
Todos los palacios minoicos están construidos en torno a un patio central, que conformaba el núcleo del complejo y posiblemente se empleaba para celebrar ceremonias y audiencias reales. Desde este punto se domina el valle.

4 Salón del Trono
En esta sala hay un trono de piedra y una pila en la que tal vez se realizaban las purificaciones rituales antes de los sacrificios en honor a los dioses.

5 Fresco de los Delfines
La estancia de la reina, que albergaba una bañera e incluso un inodoro, estaba decorada con un hermoso fresco de delfines saltando *(abajo)*.

Antigua Knossos

6 Sala de las Dobles Hachas

La sala que da paso a la cámara del rey recibe su nombre de las hachas de doble hoja labradas en las paredes y columnas.

7 Corredor del propileo norte

El acceso a este corredor está adornado con un fresco de un toro *(abajo)*. Las imágenes de los toros sagrados sobrevivieron a la civilización minoica y alimentaron la leyenda del Minotauro.

8 Gran escalera

Tres escaleras exteriores y un laberinto de corredores conducían a los cinco tramos de la gran escalera *(abajo)*. Cuatro de esos cinco tramos aún se conservan.

9 Busto de *sir* Arthur Evans

A la entrada del yacimiento hay un busto de Evans, que descubrió el palacio del rey Minos. La reconstrucción de este antiguo palacio debe mucho a su imaginación.

10 Propileo sur

La puerta sur del complejo *(izquierda)*, parcialmente restaurada, muestra pinturas que representan una procesión. Los frescos originales están en el Museo Arqueológico de Herakleion *(ver pp. 18-19)*.

INFORMACIÓN ÚTIL

PLANO K4 ▪ Ruta 97, 8 km al sur de Herakleion ▪ 2810 231940

Abierto abr-oct 8.00-20.00 todos los días (últ admisión 19.45); nov-Mar: 8.30-17.00 todos los días (últ admisión 16.45); cerrado o menos horas durante los festivos nacionales

Entrada: 18 €; con descuento 10 €; disponible entrada combinada Knossos y Museo Arqueológico de Herakleion *(ver pp. 18-19)* 20 €

▪ Es mejor visitar **Knossos** en otoño o primavera, ya que el tiempo resulta más agradable. Durante la temporada alta, conviene acudir al yacimiento a la hora de apertura, antes de que lleguen las visitas guiadas, o al final del día.

▪ Hay varias tabernas populares y bares cerca de la entrada al yacimiento, junto a la carretera principal a Herakleion.

Arqueólogos en Creta

Museo Arqueológico de Herakleion, que fundó Joseph Hatzidakis

1 Joseph Hatzidakis

El cretense Joseph Hadzidakis fue el primero en buscar restos del pasado de la isla. En la década de 1880, consiguió permiso del sultán otomano para crear la Sociedad Arqueológica Cretense, que jugó un papel clave en la localización y conservación de los yacimientos más importantes de Creta, y en la creación del Museo Arqueológico de Herakleion *(ver pp. 18-19)*.

Retrato de Heinrich Schliemann

2 Heinrich Schliemann

Este rico y famoso arqueólogo, fascinado por la épica de Homero, descubrió primero el yacimiento de la antigua Troya (en Turquía) y luego Micenas (en la Grecia continental). En 1887, fijó su atención en Creta,

pero no pudo comprar el yacimiento de Knossos, dejando el campo libre a Arthur Evans.

3 *Sir* Arthur Evans

Sir Arthur Evans nació en el seno de una adinerada familia británica y se educó en Oxford, donde se convirtió en conservador del prestigioso Ashmolean Museum. La liberación de Creta del dominio turco en 1897, tres años después de su primera visita a Knossos, le permitió empezar a trabajar en 1900 en este yacimiento, al que dedicaría las tres décadas siguientes de su vida.

4 Federico Halbherr

El italiano Halbherr llegó a Creta en 1884 y se hizo amigo del arqueólogo cretense Joseph Hatzidakis, con el que descubrió restos de la edad del bronce en la cueva Dictea *(ver p. 112)*. Más tarde, sacó a la luz los palacios de Festos *(ver pp. 24-25)* y Agia Triada *(ver p. 90)*.

5 John Pendlebury

Pendlebury, continuador del trabajo de Evans en Knossos, es una de las figuras más pintorescas de la arqueología cretense. Recorrió gran parte de la isla a pie y en burro, localizando docenas de yacimientos importantes. Se convirtió en un héroe para los cretenses al caer en combate durante la invasión alemana de 1941.

6 Harriet Boyd-Hawes

Esta arqueóloga y enfermera estadounidense llegó a Creta en 1901 y, tras un periodo de búsqueda, sorprendió al mundo de la arqueología desenterrando en Gournia una ciudad minoica entre 1901 y 1904 (ver p. 42).

7 Richard Seager

Seager fue uno de los primeros estudiosos americanos que trabajó en Creta. A principios del siglo XX excavó el yacimiento minoico de Vasiliki, antes de dedicarse a Mochlos (ver p. 114), donde los arqueólogos estadounidenses continúan colaborando con investigadores griegos.

8 Alan Wace

Wace, destacado director de la British School de Atenas, entró en conflicto con Arthur Evans cuando sus descubrimientos en Micenas, en el continente, le llevaron a afirmar (correctamente) que la cultura micénica no había surgido de la minoica, sino que era independiente y se hizo con el control de Knossos.

9 Minos Kalokairinos

Empresario cretense y arqueólogo aficionado, llevó a cabo la primera excavación de Knossos en 1878, en la que encontró fragmentos de cerámica micénica y grandes vasijas de barro. Sus hallazgos atrajeron la atención de Heinrich Schliemann.

10 Nikolaos Platon

La intuición llevó al arqueólogo griego Nikolaos Platon a descubrir entre 1961 y 1962 el palacio de Zakros (ver p. 42). El puerto natural fue una pista importante, ya que Platon sospechaba de la existencia de una importante ciudad comercial en este lugar.

Zacros, redescubierto por N. Platon

DESCUBRIMIENTO DE KNOSSOS

Sir Arthur Evans (1851-1945) decidió excavar en Knossos, animado por los hallazgos del gran arqueólogo alemán Heinrich Schliemann, cuya incapacidad para comprar los terrenos le impidió excavar en lo que él creía era el yacimiento de un importante palacio minoico. Evans, que excavó el largo tiempo perdido palacio de Knossos entre 1900 y 1931,

Colorido fresco de aguadores

ha sido acusado por algunos arqueólogos de haber realizado una reconstrucción poco fidedigna, especialmente de la planta superior a la que denominó piano nobile. Evans había intentado devolver la vida a un yacimiento inicialmente oscuro y misterioso, y su imaginativo trabajo tal vez sea excusable. Menos admirable es la arbitraria colocación de los coloridos frescos "minoicos", que en realidad son recreaciones del siglo XX de Piet de Jong y Emile Gilliéron, algunos basados en simples fragmentos de pinturas originales.

TOP10 ⭐ Herakleion

Una gran fortaleza medieval protege aún el puerto donde atracaban las galeras de la república de Venecia, también llamada la Serenísima República. Iglesias y fuentes ornamentadas recuerdan el periodo en el que la isla estuvo bajo el poder veneciano. Además de las huellas dejadas por su rico pasado, Herakleion, capital de Creta, ofrece al viajero interesantes museos (entre los que destaca el Museo Arqueológico, uno de los mejores de la isla), mercados al aire libre con puestos de artesanía y alimentos, y agradables cafés.

1 Fuente Morosini

Unos leones de piedra, el símbolo de san Marcos que adoptó Venecia, decoran esta fuente *(abajo)* del casco viejo de Herakleion. Recibió su nombre de un dux (príncipe) veneciano del siglo XVII.

Herakleion

2 Fortaleza veneciana (Koules)

En el siglo XVI, los venecianos reforzaron los muros de esta fortaleza veneciana de planta cuadrada *(abajo)* a medida que crecía la amenaza.

3 Museo Arqueológico

El Museo Arqueológico de Herakleion tiene una colección única de objetos de antiguas ciudades minoicas, griegas y romanas *(ver pp. 18-19).*

4 Museo de Historia Natural

Muestra cómo era el paisaje cretense en la época minoica, antes de la introducción de tamariscos, eucaliptos y buganvillas. También exhibe animales disecados, fósiles y cristales.

7 Arsenal veneciano

Las grandes galeras de madera que dieron a Venecia su supremacía marítima se construían y reparaban en este edificio abovedado y con arcada del muelle, frente a la fortaleza. Aún acoge los trabajos de mantenimiento de los barcos de pesca.

5 Baluartes venecianos

Las murallas venecianas de Herakleion *(arriba)* se conservan intactas, aunque rodeadas por edificios modernos. Admírelos desde fuera de la elaborada puerta de La Canea. Junto a ella se alza el baluarte Pantokratoros.

8 Agios Titos

Esta iglesia dedicada a san Tito, el primer obispo de Creta, ha estado en este lugar desde el siglo X. La actual estructura *(abajo)* data del siglo XIX. Tanto la iglesia como el santo son muy queridos por los lugareños pues Tito es el patrón de Grecia.

HISTORIA DE HERAKLEION

Los árabes andaluces levantaron una fortaleza sobre un asentamiento grecorromano llamado Herakleion, en honor al héroe y semidiós griego Heracles (Hércules). El gobernante bizantino Nikephoros Phokas la renombró como Handax, que se convirtió en la veneciana Candia; luego fue la Kandiye otomana, y los ortodoxos cretenses la llamaron Megalo Kastro. Herakleion, así llamada desde 1913, fue bombardeada durante la II Guerra Mundial. Se convirtió en la capital en 1971.

9 Mercado

El antiguo mercado acoge puestos cubiertos por toldos de rayas; se puede encontrar una gran variedad de productos.

10 Museo Histórico de Creta

La posesión más valiosa de este museo son los dos únicos cuadros de El Greco que se conservan en su Creta natal. También se pueden contemplar magníficas obras de arte en piedra y trajes tradicionales *(ver p. 90)*.

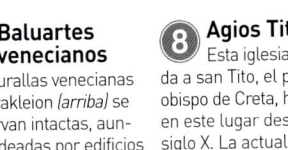

6 Museo de Arte Sacro

La mejor colección del mundo de iconos cretenses se expone en una iglesia del siglo XV. De sus paredes cuelgan representaciones de santos y mártires. Atesora tres obras de Michail Damaskinos: *La adoración de los Magos*, *La Última Cena* y *Cristo apareciéndose a las mujeres santas*.

INFORMACIÓN ÚTIL

MAPA K3

Oficina de Turismo (frente al Museo Arqueológico): 1 Xanthoudidou; 2810 228225. Consulte el horario previamente.

■ Conviene llegar temprano para ver el mercado en su apogeo. Permanece abierto todo el día de lunes a sábado, pero muchos vendedores se marchan al mediodía.

■ Plateia Venizelou (Plaza León) es un lugar ideal para tomar algo y descansar después de pasar la mañana en la ciudad.

Museo Arqueológico de Herakleion

Una pieza de joyería minoica

1 Joyas y cascos minoicos

Collares, anillos, pendientes, sellos, empuñaduras de espada y cascos son algunos de los tesoros encontrados en Knossos, Festos y Gortina. Los minoicos, conocidos por su amor a la belleza y el refinamiento, produjeron joyas muy intrincadas que decoraban con flores y animales, y algunas veces con piedras semipreciosas coloreadas.

2 Sala de los frescos

En la parte de arriba el museo expone unos frescos minoicos de Knossos, Agia Triada y otros palacios, muy animados y coloridos aunque fuertemente retocados. A pesar de que la base es antigua, la mayor parte de lo visible son pinceladas de comienzos del siglo XX. Algunos de los más extraordinarios muestran a jóvenes acróbatas, tanto varones como mujeres, saltando a toros, agarrándolo por los cuernos y pasando por encima de su espalda. Los arqueólogos no deciden si era un deporte o un ritual religioso.

3 Figuras en miniatura

Se cree que estas representaciones humanas y de animales tenían un uso religioso, como ofrendas votivas. La mayoría se encontró en santuarios y cuevas de montaña, como la cueva Dictea (ver p. 112). Las figuras dan una idea de la indumentaria de la época, así como de los gestos de adoración.

Exposición de miniaturas

4 Sarcófago de Agia Triada

Este féretro de piedra está decorado con escenas de sacrificios de animales, una procesión funeraria,

Un ejemplo de los hermosos frescos que decoran el palacio de Knossos

Sarcófago de Agia Triada

8 Disco de Festos

Este antiguo disco de cerámica de 4.000 años está cubierto de símbolos y se cree que es un ejemplo temprano de una forma de impresión. Los jeroglíficos de disco, que fue desenterrado en Festos en 1903, son la escritura minoica más antigua conocida. Nadie ha conseguido descifrar el texto completo por lo que su significado sigue siendo misterioso, aunque algunos arqueólogos alegan haber descifrado las palabras "diosa" y "madre".

mujeres conduciendo carros tirados por esclavos y bestias míticas. Tal vez se realizó para un gobernador minoico.

5 Ritón de cabeza de toro

Con forma de cabeza de toro, este vaso del siglo XVI a.C. tallado en esteatita negra tiene forma de toro, con cuernos dorados, ojos de cristal de roca y hocico de madreperla. Se descubrió en Knossos y seguramente tenía un uso ritual.

Ritón con forma de cabeza de toro

9 Mosaico de la ciudad

Estas teselas vidriadas que representan edificios de la época minoica formaban parte de un mural decorativo que pudo cubrir la pared de un palacio.

10 Mesa de juego

Esta mesa de juego con elaboradas incrustaciones de cristal de roca, oro y plata batidos, pasta de turquesa y marfil evidencia la existencia en la antigua Creta de una clase rica y ociosa.

6 Diosas de las serpientes

Estas figurillas de cerámica desenterradas en Knossos, tienen el pecho desnudo, cintura estrecha, faldas largas y llevan una serpiente en cada mano, igual que algunas descripciones de la diosa Astarté. Esto ha hecho que se sugiera que hay una continuidad entre la antigua Creta y las culturas helénicas posteriores. Las figuras fueron descubiertas por sir Arthur Evans *(ver p. 14),* quien las consideró como posible evidencia de una sociedad matriarcal.

7 Jarra de juncos

Esta elegante jarra de barro, con un diseño oscuro de juncos pintado sobre un fondo más claro, es el mejor ejemplo del periodo de los segundos palacios (1700-1450 a.C.).

Antiguo tablero de juego

★ La Canea

En La Canea, una de las ciudades más hermosas de Creta, se pueden ver edificios venecianos alrededor del puerto, protegidos por fortificaciones. Al sur se alzan los Lefka Ori (montes Blancos), que en ocasiones permanecen cubiertos de nieve hasta junio. Al oeste se extienden bonitas playas y al este se halla la península de Akrotiri. También hay murallas e iglesias venecianas y un puñado de edificios islámicos que recuerdan los 267 años de dominación turca.

1 Faro
Desde este pequeño faro, situado al final de la muralla veneciana del puerto *(abajo)*, se obtiene una buena vista de la costa y la ciudad.

La Canea

3 Colección Bizantina
Recorre los 1.000 años de historia de Imperio bizantino. En la colección, que se encuentra en una iglesia veneciana del siglo XV, destacan las monedas, joyas, estatuas, mosaicos y hermosos iconos.

4 Baluarte Schiavo y murallas venecianas
El enorme baluarte Schiavo (cerrado al público) y las altas murallas que lo flanquean conforman el tramo mejor conservado de las fortificaciones venecianas, construidas a mediados del siglo XV ante el aumento de la amenaza turca.

2 Yali Tzami
Los turcos levantaron este edificio de varias cúpulas *(abajo)* tras conquistar Creta en 1645. Se trata de la construcción otomana más antigua de la isla (también conocida como la mezquita de la playa), y ahora es una galería.

5 Museo de Arte Popular

El Museo de Arte Popular muestra el fascinante conjunto de herramientas, telares, ruecas, y coloridas alfombras, tapices y bordados que se expone en este museo ilustra y preserva las artesanías tradicionales de Creta (ver p. 51).

6 Sinagoga Etz Hayyim

Los judíos de La Canea frecuentaron esta sinagoga del siglo XV *(izquierda)* hasta la ocupación alemana de 1941-1945, cuando fueron deportados a campos de concentración. Una placa recuerda los 276 judíos muertos en el barco que los deportaba, hundido por un submarino británico.

7 Museo Arqueológico de La Canea

Su excelente colección incluye cerámica y tablillas de barro minoicas, esculturas y piezas de cristal helénicas y varios hermosos mosaicos *(ver p. 49).*

8 Mercado municipal

Es mejor visitar el mercado a primera hora. Se venden aceitunas, hierbas y especias, además de hortalizas, frutas y pescado.

9 Fortaleza de Firkas

Esta inmensa fortaleza, construida para proteger el puerto, alberga hoy un Museo Naval *(ver p. 104)*, que muestra una exposición sobre la batalla de Creta.

HISTORIA DE LA CANEA

Sus primeros habitantes fueron los minoicos, que fundaron una ciudad llamada Kydonia. Los romanos derrotaron a la población local en el 69 a. C. Desde 1252 hasta 1645 La Canea perteneció principalmente a los venecianos. Estuvo en manos otomanas desde 1645 hasta 1898. Durante la II Guerra Mundial los milicianos lucharon junto a las tropas griegas y las de la Commonwealth.

10 Playa Iguana, Agioi Apostoli

Entre el cabo de Chrissi Akti y la playa de Glaros, a unos 5 km al oeste de la ciudad, esta es la mejor de las playas próximas a La Canea, con su larga curva arenosa y sus arenas poco profundas. Cerca hay cafés y restaurantes.

INFORMACIÓN ÚTIL

MAPA D2

Oficina de Turismo: Ayto de Kydonias 29; 28213 41666; abierto 8.30-14.30 lu-sá

Museos: mi-lu

Mercado municipal: 7.00-12.00 lu-sá

Fortaleza de Firkas: abierto todos los días

· ·

■ La Canea es buen lugar para las compras. En Chalidon y el puerto hay ropa y joyas. Hay botas de cuero estilo cretense en las zapaterías de Skridlof.

■ Los restaurantes más caros están en la explanada del puerto. Para comida más barata pruebe las calles del barrio de Splantzia.

TOP 10 ⭐ Festos

Mientras Arthur Evans reconstruía Knossos, el italiano Federico Halbherr desenterraba con un meticuloso método científico dos palacios minoicos en Festos, en una colina sobre las tierras de la llanura de Messara. Gran parte de las ruinas visibles hoy pertenece al palacio más reciente, construido alrededor de 1600 a. C. y destruido, posiblemente por un maremoto, alrededor de 1450 a. C.

1 Estancias reales

Estas estancias, ahora valladas, eran las más grandiosas del complejo e incluían la cámara de la reina, la del rey, una piscina cubierta e incluso un retrete con agua corriente *(abajo)*.

2 Gran escalera

Esta monumental escalera, que constituía la entrada principal, conduce del patio oeste a los restos de un propileo o pórtico y un patio interior.

Las ruinas del palacio minoico de Festos

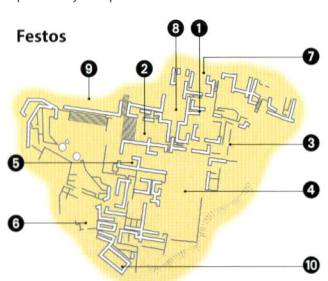

Festos

3 Talleres del palacio

En un amplio patio, se encuentran los restos de una fragua para forjar bronce. Junto al patio se sitúan pequeñas estancias.

4 Patio central

Se cree que este amplio patio, que estuvo cercado por corredores cubiertos, fue una plaza de armas. En los muros situados junto a la entrada principal hay unas hornacinas.

Páginas anteriores Mezquita de La Canea con su cúpula, vista desde el puerto

8 Peristilo

Los fragmentos de columnas que delimitan este espacio cuadrado indican la existencia de un patio con columnata. Bajo este peristilo se hallan los restos de un edificio más antiguo, que data del periodo denominado prepalacial (3000-1900 a.C).

5 Almacenes y *pithoi*

Los almacenes *(arriba)* servían para guardar alimentos como grano, aceite, vino y aceitunas en grandes vasijas de barro llamadas *pithoi.*

6 Restos del primer palacio

Las pequeñas ruinas del primer palacio, al sureste del yacimiento, están protegidas con vallas. Este edificio se construyó alrededor de 1900 a.C. y fue destruido unos 200 años después.

7 Archivo

Estas arcas de adobe pudieron utilizarse para guardar archivos. Aquí se encontró el disco de Festos, cuyos jeroglíficos aún no se han descifrado. Se exhiben en el Museo Arqueológico de Herakleion *(ver pp. 18-19).*

9 Patio oeste y zona del teatro

Varias hileras de asientos de piedra *(abajo)* ocupan el extremo norte del patio oeste; también acoge un espacio pavimentado destinado a rituales, ceremonias teatrales y espectáculos como, quizás, los saltos de toros representados en algunos frescos minoicos. Al sur del patio hay dos fosos de piedra para almacenar grano, y en el extremo noreste yacen los restos de un santuario que formaba parte del palacio más antiguo.

> **DESAPARICIÓN DE LOS MINOICOS**
>
> Existen muchas teorías acerca del repentino colapso de la civilización minoica. Muchos estudiosos creen que se debió a la erupción del volcán de la isla de Kalliste (ahora Santorini), que habría producido maremotos y nubes de ceniza. Otros lo achacan a la invasión de los micenos desde el continente. Pero hasta ahora, estas teorías son meras especulaciones.

10 Templo clásico

Los restos de un pequeño templo construido durante el periodo clásico, que se cree que estaba dedicado a Rea, la madre de Zeus, demuestran que Festos seguía habitado unos 1.000 años después de la misteriosa desaparición de la civilización minoica, hace unos 3.500 años.

INFORMACIÓN ÚTIL

MAPA H5 ▪ 8 km al oeste del pueblo de Moires ▪ 28920 42315

Horario: 8.00-20.00 todos los días; últ adm 19.45; cerrado algunos festivos

Entrada 8 €; Agia Triada gratis

▪ En el Pabellón Turístico de Festos se sirven bebidas y comidas, pero es una opción mucho mejor la taberna del cercano pueblo de Vori: Alekos Taverna, junto a la iglesia Agia Pelagia.

▪ Se puede pasar la noche en Matala

(ver p. 93), un pequeño centro vacacional con playas de arena y buena sombra de árboles; está a menos de 30 minutos en coche de Festos.

▪ Festos y la romana Gortina (a 20 min en coche) se pueden visitar fácilmente en un día.

🔟 ⭐ Rethymnon

Rethymnon, la tercera ciudad mayor de Creta, ha estado habitada desde la época minoica y prosperó bajo el dominio veneciano. Ocupa una bahía ancha y poco profunda y cuenta con una bonita playa junto al centro. El casco histórico medieval luce las típicas ventanas altas y balcones de hierro forjado de las antiguas casas venecianas y turcas. Tiene muchas iglesias ortodoxas y católicas, así como mezquitas, lo que revela una historia de diversidad de culturas y religiones en la ciudad.

Fortaleza ①

Esta imponente fortaleza veneciana (*derecha*) es una de las mayores construcciones de su clase. Levantada en 1573, ocupa un cabo sobre la ciudad. Dentro de las murallas, el edificio más interesante es la mezquita Ibrahim Han, originalmente la catedral veneciana (*ver p. 47*).

INFORMACIÓN ÚTIL

MAPA F3

Oficina de información turística de Rethymnon: Edificio Delfini, 20 El. Venizelou; 28310 29148; 8.00-15.00 lu-vi

Fortaleza: llamar al 28310 28101 para consultar horarios y tarifas

Museo Arqueológico de Rethymnon: abierto mi-lu

Museo Histórico y de Arte Popular: abr-oct lu-sá

■ Rethymnon se debe visitar en julio, el mes del Festival de la Dieta Cretense, que se celebra en los jardines municipales.

■ El animado puerto de la ciudad es muy turístico. En los callejones del casco antiguo hay restaurantes más económicos y auténticos.

② Playa

La playa de Rethymnon comienza al este del rompeolas del puerto. Junto a ella, se encuentra un paseo bordeado de palmeras y una hilera casi ininterrumpida de cafés y restaurantes al aire libre.

③ Mezquita Nerantzes (Odeion)

Esta iglesia veneciana, hoy escuela de música (*derecha*), fue transformada en mezquita por los otomanos que reemplazaron el tejado por cúpulas y el campanario por un minarete con balcón. Actualmente el minarete es el verdadero hito de Rethymnon.

④ Jardines municipales

En los meses de verano es un buen lugar para escapar del intenso calor. Los restos del antiguo cementerio musulmán se cubrieron en 1924.

5 Fuente Rimondi
Esta fuente *(arriba)* fue construida en 1626 por una de las familias nobles de Rethymnon. Tanto venecianos como turcos crearon numerosas fuentes.

8 Museo Arqueológico de Rethymnon
Se encuentra frente a la puerta principal de la fortaleza, en un baluarte de las fortificaciones otomanas que hasta 1970 sirvieron como cárcel local. Expone *(abajo)* piezas de yacimientos neolíticos, minoicos y romanos *(ver p. 49)*.

Rethymnon

6 Logia veneciana
El recuerdo arquitectónico más destacado del largo dominio veneciano de la isla es esta logia, que ahora acoge una tienda con magníficas reproducciones de obras de arte clásicas.

7 Porta Guora
El único resto que queda en pie de la muralla veneciana que rodeaba Rethymnon es esta puerta de piedra que une el casco antiguo con la parte moderna de la ciudad. Las demás puertas fueron desmanteladas.

9 Puerto interior
Este pequeño puerto interior, situado bajo la fortaleza veneciana, es uno de los más pintorescos de Grecia, con sus ajadas casas, pequeños barcos anclados y un bullicioso muelle *(abajo)*.

10 Museo Histórico y de Arte Popular
Alfombras y tapices de vivos colores, finos encajes, cerámica tradicional y joyas de plata y ámbar son algunos de los vestigios de un modo de vida que se conserva en este pequeño museo. Se exponen telas ricamente decoradas de la colección Franzeskaki *(ver p. 50)*.

TOP 10 ⭐ Gortina

Las ruinas de Gortina (Gortys), en la llanura de Messara, están datadas en fechas muy posteriores a los palacios minoicos. Gortina prosperó más tarde, durante el periodo de las ciudades-Estado dorias del siglo VI a.C. En el siglo II a.C. derrotó a su rival Festos y se convirtió en la principal ciudad de la isla. Este gran yacimiento es tan interesante como otros recintos arqueológicos de Creta, pero menos visitado. Algunas zonas de Gortina siguen cerradas al público por trabajos de investigación.

Basílica de Agios Titos ①

Las impresionantes ruinas de esta basílica de tres naves del siglo V (*derecha*), evidencian que el cristianismo ya estaba bien establecido en la isla por aquella época. Está consagrada a san Tito (Agios Titos), que recibió al apóstol san Pablo en Creta en el año 59 y se convirtió en el primer obispo de la isla.

② Odeón romano y código legal

Los muros del odeón romano están cubiertos por losas de piedra grabadas con un conjunto de leyes (*arriba*) que data de c.500 a.C. Los expertos consideran que estas losas son las piezas arqueológicas más significativas de Gortina.

③ Templo de Apolo Pítico

En el periodo helénico se le añadió un altar a este templo que se piensa que es en origen del siglo VII a.C. En el siglo II d. C. se transformó en iglesia cristiana.

④ Ágora romana

En el ágora romana, se halló una gran estatua del dios romano de la medicina, Esculapio (en el Museo Arqueológico de Herakleion). El ágora, o plaza del mercado, era el corazón de la antigua ciudad grecorromana.

INFORMACIÓN ÚTIL

MAPA J5 ▪ 1 km de Agioi Deka ▪ 28920 31144; consultar el horario previamente

Horario: 8.00-20.00 todos los días, últ adm 19.45 (verano: 8.30-17.00) Entrada 6 €; tarifa reducida 3 €

▪ Conduzca hasta Matala, 30 km al suroeste de Gortina; tiene una playa de arena (*ver p. 60*).

▪ En vez de quedarse en la espartana cafetería de Gortina, vaya al cercano pueblo de Agioi Deka hay varias tabernas agradables y una iglesia histórica.

6 Pretorio
Este patio con fragmentos de columnas de mármol *(arriba)* es todo lo que queda del palacio del gobernador romano de Creta y Libia.

7 Acrópolis
Una imponente muralla romana y una pequeña torre, conocida como el Kastro, montan guardia sobre una colina junto al yacimiento principal. El sitio está cercado, y el camino desgastado hace difícil el acceso.

8 Museo
En un pequeño pabellón del yacimiento *(derecha),* se expone una colección de estatuas de mármol encontradas en Gortina, aunque muchas de las mejores piezas se hallan en el Museo Arqueológico de Herakleion *(ver pp. 18-19).*

10 Baños romanos
Al sur del pretorio, entre los olivares, se pueden ver las ruinas de los baños, uno de los centros sociales de la ciudad romana.

Gortina

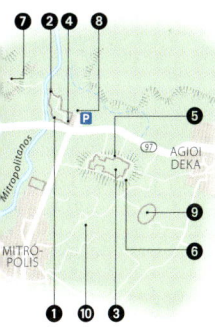

9 Villa rural minoica
Al oeste del arroyo Metropilitanos se encuentran los restos excavados de un villa minoica *(abajo)* que datan del período neopalacial (1700-1450 a.C.).

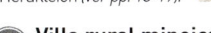

5 Templo de Isis y Serapis
La antigua Creta mantenía lazos con el antiguo Egipto, como demuestran las ruinas de este templo.

★ Garganta de Samaria

La garganta de Samaria, declarada parque nacional, es una de las zonas naturales más impresionantes de Grecia. Atraviesa los Lefka Ori (montes Blancos) desde la meseta de Omalos hasta el mar. Las cumbres se alzan a ambos lados de esta garganta, flanqueada por pinares y prados con flores silvestres. Desde una altura de 1.250 m sobre el nivel del mar, desciende hasta la costa, cerca del pueblo de Agia Roumeli, después de atravesar las Sidero Portes o Puertas de Hierro.

4 Antigua Agia Roumeli

Una iglesia en ruinas de la época veneciana y algunas granjas es todo lo que queda de este pueblo. En el lado izquierdo *(este)* de la salida de la garganta se encuentra la antigua Tarra; y más allá del lado derecho hay una fortaleza otomana.

1 Xyloskalo

El camino en zigzag *(arriba)* que desciende por la garganta se llama Xyloskalo (escaleras de madera). La parte más dura tiene un desnivel de 1.000 m en poco más de 2 km y atraviesa bosques de pinos y cipreses.

2 Iglesia de Agios Nikolaos

Cerca del final del Xyloskalo, se encuentra la diminuta capilla de Agios Nikolaos *(abajo)*, una construcción situada bajo pinos y cipreses, junto a una zona de descanso.

3 Picos Gingilos y Volakia

Al sudoeste, por encima del Xyloskalo, el horizonte está dominado por los inmensos picos Gingilos (2.080 m) y Volakia (2.116 m). Estas cumbres pueden permanecer nevadas hasta principios del verano, cuando la temperatura a nivel del mar es muy elevada.

Garganta de Samaria

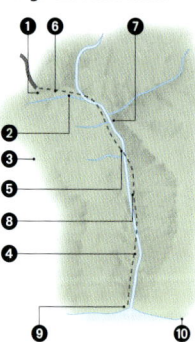

INFORMACIÓN ÚTIL

MAPA C4 ■ Guarda forestal, Xyloskalo; 28210 67179 ■ Guarda forestal, Agia Roumeli; 28210 45570

Abierto May-med oct (si el tiempo lo permite; horarios varían, consultar previamente).

Entrada 5 €. Se debe guardar la entrada con la fecha, pues hay que entregarla a la salida en Agia Roumeli.

■ Los senderistas entrenados pueden completar el recorrido de 16 km en unas cinco horas, pero es mejor dedicarle ocho, con una parada de al menos una hora.

■ Hay que llevar abundante agua. Existen zonas de descanso donde se puede comer a la sombra. En Agia Roumeli hay pequeñas tabernas para recuperarse.

CÓMO DESPLAZARSE

Existen varias compañías de viajes que ofrecen a diario rutas guiadas, con el transporte de ida y vuelta incluido. También hay autobuses que comunican La Canea con Omalos, a 1 km de Xyloskalo. Los senderistas deben pasar por la oficina del guarda en Xyloskalo antes de iniciar el camino.

8 Osia Maria

La iglesia de Osia Maria, empequeñecida por los precipicios, da nombre a la garganta. Alberga frescos del siglo XIV.

9 Nueva Agia Roumeli

En la década de 1970, los habitantes de Agia Roumeli abandonaron su pueblo y se trasladaron junto al mar *(abajo)*. El nuevo pueblo acoge un conjunto de tabernas y pensiones repartidas a lo largo de una calle.

5 Sidero Portes

Cerca de la ermita de Afendis Christos, la garganta se estrecha de tal modo que entre sus paredes de piedra de 300 m solo distan 3 m *(arriba)*.

6 Neroutsiko y Riza Sykias

Los arroyos Neroutsiko y Riza Sykias se unen al final del río Xyloskalo. En invierno, forman un fuerte torrente de agua que hace la garganta intransitable, pero en verano suelen estar casi secos.

7 Samaria

Los últimos habitantes de la garganta abandonaron este pueblo en 1962, cuando la zona fue declarada parque nacional. Las casas en ruinas tienen cierto aspecto fantasmagórico.

10 Playa de Agios Pavlos

Esta playa de guijarros y arena, a una hora caminando al este de Agia Roumeli, es grande y tranquila y tiene una taberna. Una capilla dedicada a san Pablo le dio nombre.

TOP 10 ★ Valle de Amari y monte Ida

El valle de Amari, una de las regiones más pintorescas de Creta, está dominado por el monte Ida y salpicado de olivares, viñedos e iglesias rurales. Esta tierra es muy fértil gracias al suelo de las laderas circundantes, y en la época bizantina era de las zonas más ricas de Creta. Durante la II Guerra Mundial, los alemanes destruyeron pueblos de este núcleo de la resistencia cretense, en represalia por los ataques de la guerrilla y el secuestro del general Kreipe.

1 Thronos
La iglesia del siglo XIV de la Panagia, en Thronos, atesora frescos y restos de mosaicos. Una tienda guarda las llaves.

2 Moni Asomaton
El monasterio de Asomaton *(arriba)*, construido durante la época veneciana, está abandonado. Ocupa un paraje de plátanos, palmeras y eucaliptos.

3 Agios Ioannis Theologos
La iglesia de San Juan Evangelista, construida en el siglo XIII, se alza junto a la carretera, al norte del pueblo de Kardaki.

4 Cueva de Ida
Según la mitología griega, Zeus creció en esta cueva, a 20 minutos a pie de la meseta de Nida. En la Antigüedad, era un lugar de peregrinaje. Las ofrendas hechas a Zeus en el siglo VIII a.C. (por ejemplo, escudos de bronce) se exponen en el Museo Arqueológico de Herakleion. Está abierta todos los días.

5 Cueva de Kamares
En esta cueva, a cuatro horas a pie de Kamares, se hallaron unas piezas de barro minoicas conocidas como vasijas de Kamares. El lugar estaba dedicado a Ilitia, diosa de los nacimientos.

Vista panorámica del frondoso valle de Amari

8 Amari

La torre del reloj veneciana *(izquierda)* es una de las construcciones más antiguas del valle. La iglesia de Agia Anna atesora algunos de los frescos cristianos más antiguos de Creta.

9 Monumento a la paz

Esta obra de la artista alemana Karen Raeck, situada al norte de la meseta de Nida, muestra una figura alada esbozada sobre bloques de piedra.

CÓMO DESPLAZARSE POR EL VALLE

Aunque el valle de Amari parezca algo aislado, hay un autobús de lunes a viernes que une Rethymnon con los dos pueblos principales, Thronos y Amari. Si se dispone de coche, se puede subir por un extremo del valle y bajar por el otro. De las dos rutas que cruzan el valle, la carretera del este resulta más espectacular.

Valle de Amari y monte Ida

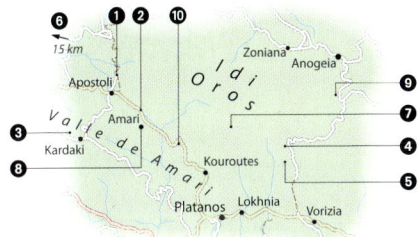

6 Hromonastiri

La iglesia de Agios Efstathion, a las afueras del pueblo de Hromonastiri, alberga descoloridos frescos del siglo XI, tal vez los más antiguos de su tipo en Creta.

7 Monte Ida (Psiloritis)

Sobre el valle se alza el pico más alto de Creta, el Ida (2.456 m), también llamado Psiloritis *(abajo)*. Senderos señalizados *(ver p. 64)* conducen hasta la cima desde la meseta de Nida, a 23 km por carretera desde el pueblo de Anogeia.

10 Fourfouras

Este bonito pueblo rodeado por un increíble paisaje montañoso es una de las paradas en el ascenso al monte Ida y en varias de las rutas más sencillas por el macizo de Psiloritis.

INFORMACIÓN ÚTIL

MAPA G-H4

Oficina de información turística de Rethymnon: Edificio Delfini, 20 El. Venizelou; 28310 21459; consultar el horario previamente

■ Amari es el mejor punto de partida para recorrer a pie el valle y las montañas circundantes. Otra opción es el cercano pueblo de Spili, al oeste de las montañas Kedros.

■ Lambros Papoutsakis, en Thronos (28330 22760), organiza paseos guiados para buscar fósiles y plantas por el valle de Amari. Otro paseo lleva hasta la cumbre del Psiloritis al amanecer (50 € por persona).

🔟⭐ Spinalonga

Una pequeña isla junto a la costa norte de Lasithi, Spinalonga es un retrato del complejo pasado de Creta. Inicialmente fortificada por los venecianos en el siglo XVI, sus murallas han visto siglos de cambios. Tomada por los otomanos en 1715, la isla fue más tarde hogar de una importante poblacion musulmana, antes de convertirse en leprosario. La colonia fue finalmente abandonada, pero sus ruinas recuerdan que unos 1.000 griegos vivieron aquí en cuarentena entre 1903 y 1957.

 Muralla veneciana

Venecia construyó las fortificaciones de Spinalonga en 1574 para defenderse de los turcos y proteger las salinas de Elounda. Las murallas *(abajo)* rodean la isla y cuentan con torres de guardia y símbolos de la República veneciana.

② Salas hospitalarias

Spinalonga fue usado por Grecia sobre todo como leprosario, con un hospital dedicado a los enfermos de este mal. Varias estructuras dan una idea de cómo era la vida aquí.

③ Museo de Spinalonga

Este museo muestra objetos que van de la época minoica hasta el siglo XX, con una sección dedicada a objetos del antiguo leprosario.

④ La puerta de Dante

Tras llegar al embarcadero de Spinalonga, los pacientes recorrían un túnel de 20 metros conocido como puerta de Dante. También llamado túnel de las Lágrimas, este pasaje cargado de simbolismo marcaba su despedida del mundo exterior.

Casas y mercado ⑤

El camino central de la isla acerca a ruinas de viviendas, unas escaleras (derecha) y un espacio donde se celebraba el mercado; todo ello da una idea de cómo fue la vida en Spinalonga. Hay más restos de edificios repartidos por toda la isla.

⑦ Jardines de aloe vera

Los visitantes pueden ver matas de aloe vera creciendo sobre algunas casas abandonadas. Esta planta medicinal la cultivaban los pacientes por sus propiedades calmantes para la piel y curativas en general.

⑧ Playa

Frente al puerto de Plaka se halla esta estrecha playa con vistas increíbles del mar. Nadar, sin embargo, está estrictamente prohibido por las fuertes corrientes y el intenso tráfico marítimo.

LA ISLA

El interés por Spinalonga ha aumentado desde la publicación de *La isla* (2005), novela de Victoria Hislop centrada en la tumultuosa historia del lugar. En la novela, Hislop explora las vidas de los habitantes que padecían lepra y el impacto de la enfermedad en ellos y en sus familias. Con su historia de amor y resiliencia, la obra ayuda a combatir la oscuridad que aún persiste sobre la evacuación de Spinalonga in 1957.

La isla de Spinalonga

⑥ Cementerio y osario

Situado en la esquina más apartada de la isla, el cementerio y osario es una especie de testamento de la historia de la isla y guarda los restos de los pacientes que murieron aquí.

⑨ Presidio

Cerca de un acceso secundario para uso del personal médico, este pequeño presidio de época veneciana jugó un importante papel como sala de desinfección cuando la isla funcionó como leprosario. El equipo de desinfección todavía puede verse.

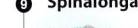

Spinalonga

⑨ ① ② ⑩ ③ ⑤ ⑧ ④ ⑥

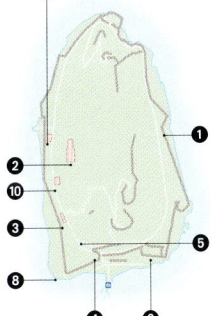

⑩ Agios Paintelemonas

En el centro del asentamiento, coronada por su campana (izquierda), está la iglesia de Agios Paintelemonas, donde los religiosos residían junto a los pacientes. Cada año, familiares de personas que murieron en la isla peregrinan aquí para recordarlos.

TOP 10 ★ Moni Arkadiou

Muy por encima de la costa norte de Creta, el monasterio de Arkadi (Moni Arkadiou) que data del siglo XVI, se encuentra en una fértil llanura en la falda del monte Ida. Cuando Creta cayó bajo la ocupación otomana en 1669 los monasterios se convirtieron en importantes centros de resistencia, gracias en parte a su aislamiento. Durante los siglos XVIII y XIX en Creta hubo numerosas revueltas. A menudo eran sacerdotes ortodoxos quienes lideraban en los combates a los que luchaban por la libertad. A pesar de su atmosfera de serenidad, Arkadi esconde una historia trágica. La consigna del movimiento independentista cretense era "libertad o muerte" (ahora es el lema nacional griego).

1 La iglesia del monasterio

Esta iglesia de estilo barroco veneciano *(derecha)* data de 1587. Su interior es sencillo, tiene muros con frescos cretenses, dos altares, candelabros dorados, iconos de plata y velas siempre encendidas.

2 Patio ajardinado

El patio *(abajo)* está cubierto de rosas. Unos pilares de piedra sujetan una pérgola cubierta por una parra, macetas de barro con geranios y buganvillas. Los gatos duermen la siesta a la sombra los cipreses.

3 Museo

El refectorio del monasterio ahora alberga un museo en el que se exponen diversos objetos, entre ellos libros eclesiásticos, manuscritos, crucifijos, trajes de seda bordados con hilos de oro y representaciones de iconos religiosos. No se pierda el San Juan Bautista y el Cristo entronizado.

4 Café Arkadi

Junto al monumento conmemorativo hay un café con terraza que sirve bebidas y aperitivos. Tiene buena sombra y vistas al campo de alrededor. También hay un parque infantil con columpios y tobogán.

5 Almacén de pólvora

El 8 de noviembre de 1866 se inmolaron en este edificio 943 cretenses antes que rendirse a los otomanos. Hay una placa conmemorativa que dice: "La llama que ilumina las profundidades de esta cripta fue la llama divina en la que los cretenses perecieron por la libertad".

⑦ Las celdas de los monjes

Durante el siglo XVII residieron aquí unos cien monjes. Actualmente quedan solo tres. Detrás de la iglesia, puede encontrar dos de las antiguas celdas *(izquierda)*.

⑧ Monumento a los Caídos

Fuera del monasterio hay una terraza de piedra sombreada por los pinos. En este lugar, en el interior de un antiguo molino de viento de planta hexagonal, encontramos un osario en el que están expuestos los cráneos de los que perecieron durante el holocausto de Arkadi en 1866.

⑨ Muros exteriores

En el siglo XVI el monasterio fue fortificado para defenderlo en caso de ataque y ofrecer refugio tanto a los monjes como a la comunidad local. Los visitantes pueden entrar por la puerta principal, un arco construido en 1870 en la fachada oeste.

⑥ Refectorio

Frente al icónico árbol hay una puerta que conduce a un segundo patio más pequeño y tranquilo. Después de cruzarlo llegamos al refectorio, un espacio estrecho y alargado con el techo abovedado. Aquí cenaban los monjes compartiendo una gran mesa de madera.

EL HOLOCAUSTO DE ARKADI

El 8 de noviembre de 1866 el monasterio fue sitiado por el ejército otomano. Unas 700 mujeres y niños, junto a más de 200 combatientes por la libertad de Creta, buscaron refugio dentro de sus muros y se atrincheraron en su interior. En lugar de rendirse hicieron explotar el polvorín, lo que acabó con ellos y muchos de los atacantes. Este acto fue la culminación de las cinco revueltas que se habían producido desde 1770. Creta se unió finalmente a Grecia en 1913.

⑩ El árbol muerto

Frente a la fachada de la iglesia hay un ciprés y un olivo. Detrás de ellos está el árbol muerto *(abajo)*. Aún tiene en su tronco una bala incrustada del asedio de 1866.

INFORMACIÓN ÚTIL

PLANO G4 ■ Arkadi, 23 km al suroeste de Rethymnon ■ 28310 83135

Horario: 09.00-20.00 todos los días (abr, may y sep: hasta 19.00; oct y mar: hasta 18.00; nov y dic: hasta 17.00)
Entrada 3 €

■ Los autobuses salen todos los días desde Rethymnon KTEL a las 10.00 y 13.00. Regreso: a las 12.15 y 15.15. Tiempo de viaje: 40 minutos. El minitren hace la misma ruta.

■ Cada año el 8 de noviembre se guarda un minuto de silencio para recordar el Holocausto de Arkadi. También se celebra una ceremonia en la iglesia del monasterio.

■ El osario cercano alberga los cráneos de las víctimas de la masacre a modo de macabro recordatorio de la muerte.

Lo mejor
de Creta

**Coloridas decoraciones murales en
el interior del palacio de Knossos**

⑩ Hitos históricos

Fresco del palacio de Knossos de un acróbata saltando sobre un toro

① 1750 a.C.: Edad de oro de la cultura minoica

Creta, que está marcada por la construcción de Knossos y otros grandes palacios vive su apogeo en torno al año 1750 a.C. Los micénicos toman Knossos poco después del 1450 a.C.

② Conquista romana

Los romanos intentan invadir Creta en el años 71 a.C., pero se lo impiden los dorios. En el año 69 a.C. logran su objetivo. Varias ciudades cretenses apoyan a los invasores y en el año 67 a.C. la isla es enteramente romana.

③ Reconquista bizantina

Los árabes arrebatan Creta al Imperio bizantino en el año 824. Un

El general Nikephoros Phokas

siglo más tarde el general Nikephoros Phokas reconquista la isla en 961.

④ Control veneciano

Creta cae bajo el poder veneciano poco después de 1204, cuando fracasa la cuarta cruzada y el emperador bizantino es depuesto por un ejército de cruzados francos en alianza con Venecia. Los isleños se rebelan contra los venecianos, pero sin éxito.

⑤ Los turcos otomanos

La Canea y Rethymnon no tardan en caer ante el ataque turco de 1645. Gracias a la supremacía naval veneciana, la capital, Candía (actual Herakleion), resiste un asedio de 21 años, pero acaba rindiéndose en 1669. Los cretenses se alzan repetidamente contra los turcos y, en 1770, Ioannis Daskalogiannis lidera el primer levantamiento, pero fracasa y la región es sometida por primera vez.

⑥ Rebeliones contra el Gobierno otomano

El armador Ioannis Daskalogiannis encabeza la primera revuelta de Creta contra el Gobierno otomano en 1770. Es aplastada, como también la de 1828 dirigida por el líder revolucionario Chatzimichalis Dalianis. A los posteriores fracasos de 1841 y 1858 sigue el gran levantamiento de 1866, cuando una Asamblea Cretense autonombrada declara la *enosis* (unión) con Grecia.

Es reprimido brutalmente, pero despierta la simpatía internacional por la causa cretense.

7 Intervención de las grandes potencias

Las revueltas de 1889 y 1896 culminaron con el desembarco griego en 1897 y la intervención de Francia, Gran Bretaña, Rusia e Italia. Creta gana autonomía y es gobernada por una asamblea cristiano-musulmana.

8 Unión con Grecia

En 1905 Eleftherios Venizelos convoca una asamblea revolucionaria, que en 1908 declara unilateralmente la *enosis* (unión) con Grecia. Esto no ocurrirá hasta 1913.

9 Ocupación y liberación en la II Guerra Mundial

Los alemanes expulsan a los aliados de Creta en mayo de 1941, pero la guerrilla cretense se mantiene activa. Casi todas las tropas alemanas huyen de Grecia en octubre de 1944, tras el desembarco de las tropas aliadas, pero la guarnición de La Canea resiste hasta que cae Berlín en mayo de 1945.

Creta ocupada por tropas alemanas

10 Los terremotos azotan Creta

Dos terremotos de magnitud 6 azotan Creta en septiembre y octubre de 2021. Los temblores, los más fuertes de la isla en los últimos 60 años, producen un muerto, varios heridos y daños generalizados en edificios antiguos del sureste de Creta.

TOP 10: IMPERIOS Y GOBIERNOS

Pintura de un asedio otomano

1 Imperios minoicos
La civilización minoica surgió entre el año 3000 y 1900 a.C. Una erupción volcánica pudo destruir sus ciudades alrededor de 1450 a.C.

2 Micénicos
Los micénicos, procedentes de la península del Peloponeso, se asentaron en la isla después del 1450 a.C

3 Dorios
Los dorios, al norte de Grecia, desembarcaron en Creta en el siglo XII a.C. y empujaron a los descendientes de los minoicos a zonas remotas.

4 Ciudades-Estado dorias
Gortina y Kydonia (actual La Canea) eran de las más poderosas.

5 Imperio romano
Gortina, que apoyaba a Roma, se convirtió en capital de la provincia de Creta y Cyrenaica.

6 Imperio bizantino
En el siglo IV d.C., la isla pasó a formar parte del reino bizantino.

7 Conquista árabe y retirada
En 824, fuerzas árabes lideradas por el andaluz Abu Hafs conquistaron Creta; el general bizantino Nikephoros Phocas los expulsó en 961.

8 República de Venecia
En 1210, Venecia se hizo con el control de Creta durante el avance de la Cuarta Cruzada.

9 Imperio otomano
Los turcos otomanos invadieron Creta en 1645 y mantuvieron su poder hasta finales del siglo XIX.

10 Grecia
Creta se unió a Grecia en 1913. Entre 1898 y 1923 cerca de 100.000 musulmanes cretenses se fueron voluntariamente o fueron expulsados.

📻🔟 Yacimientos arqueológicos

① Itanos
MAPA R4 ■ **2 km al norte de Vai**
■ **No cierra**

Los restos de una muralla helénica, los cimientos de dos basílicas cristianas y columnas son los únicos restos de la importante ciudad que existió aquí. Prosperó hasta la Alta Edad Media, periodo en el que fue destruida por asaltantes sarracenos.

Ruinas de la basílica, Itanos

② Gournia
MAPA P5 ■ **Al sur de la carretera de la costa, 18 km al este de Agios Nikolaos** ■ **Horario: 8.00-15.00** ■ **Se cobra entrada**

La ciudad minoica de Gournia, un laberinto bien conservado de paredes de piedra sin techar, ofrece un contraste con los palacios minoicos más famosos. En esta comunidad de trabajadores, los arqueólogos han encontrado talleres de alfarería,

herrería y carpintería, así como diminutas casas dispuestas alrededor del pequeño palacio *(ver pp. 34-35)*.

③ Agia Triada
En esta villa minoica con forma de L, construida alrededor del año 1700 a. C., se han descubierto multitud de interesantes vestigios minoicos, como tablillas con inscripciones en escritura lineal A, aún sin descifrar. Posteriormente, el asentamiento fue ocupado por los micénicos, que construyeron un pueblo con un *megaron* (sala residencial micénica) *(ver p. 90)*.

④ Malia
MAPA M4 ■ **3 km al este de Malia**
■ **28970 31597; consultar el horario previamente** ■ **Se cobra entrada**

Al este del centro vacacional de Malia se sitúa este yacimiento homónimo. El símbolo minoico del hacha doble *(labrys)* aparece grabado en dos pilares del santuario que forma parte de los restos del palacio del 1600 a. C. Las excavaciones continúan.

⑤ Zakros
MAPA R5 ■ **Kato Zakros**
■ **28430 26897; consultar el horario previamente** ■ **Se cobra entrada**

El cuarto palacio minoico mayor de la isla fue descubierto en 1961 por el arqueólogo Nikolaos Platon. El enclave estaba intacto y entre las piezas halladas había una jarra de cristal de roca, expuesta en el Museo

Arqueológico de Herakleion *(ver pp. 18-19)*. Se pueden contemplar restos del palacio y una cisterna.

6 Praisos
PLANO Q5 ■ **Junto al pueblo de Nea Praisos** ■ **No cierra**

Este yacimiento, con restos de un templo, cimientos de casas y una muralla, fue el último enclave de los eteocretenses descendientes de los minoicos. Estuvo habitado hasta el siglo II a. C.

7 Antigua Eleftherna
Eleftherna, a unos 30 km de Rethymnon, estuvo habitada desde la prehistoria hasta los inicios de la era cristiana y guarda ruinas de cementerios, santuarios, un acueducto romano y diferentes calles. Lo hallado en el lugar se expone en el Museo Arqueológico de Eleftherna *(ver p. 104)*

8 Festos
Sobre una colina en la costa sur de Creta se hallan las ruinas del palacio minoico de Festos, que solo Knossos supera en interés. Un laberinto de paredes y patios enmarca la ubicación del segundo palacio de Festos, levantado alrededor del año 1600 a. C. Los jeroglíficos del disco de Festos aún no han sido descifrados *(ver pp. 24-25)*.

Restos de la basílica de Gortina

9 Gortina
Las ruinas de Gortina, que incluyen la basílica de Agios Titos y restos del palacio del gobernador provincial romano, datan de la primera era cristiana. El yacimiento es amplio y no suele haber mucha gente, por lo que se puede visitar con tranquilidad *(ver pp. 28-29)*.

El disco de Festos con símbolos tallados

10 Knossos
A las afueras de Herakleion se encuentra Knossos, el palacio minoico más impresionante de Creta. Tiene más de 3.500 años de antigüedad y se cree que fue destruido alrededor del 1450 a. C. por la combinación de una erupción volcánica y una invasión. No fue descubierto hasta finales del siglo XIX *(ver pp. 12-15)*.

El imponente palacio de Knossos

🔟 Iglesias y monasterios

Interior de Panagia Kera en Krista

1 Panagia Kera
MAPA N5 ■ 28410 51525
■ **Horario: 8.00-15 ma -do** ■ **Se cobra entrada**

La iglesia de la etapa bizantina más importante de Creta se construyó en los siglos XIII y XIV. Está adornada con frescos basados en los Evangelios apócrifos, así como una extraña pintura ortodoxa del católico san Francisco.

2 Moni Preveli
MAPA F5 ■ 28320 31246; www.preveli.org ■ **Se cobra entrada**

Las celdas y claustros de Moni Preveli, construido en el siglo XVII para sustituir a otro monasterio, miran hacia un gran patio abierto y al mar de Libia. En esta iglesia y pequeño museo se exponen ornamentadas vestiduras, iconos objetos de plata e incensarios. Vale la pena visitar Kato Preveli por su arquitectura antiguo y su museo.

3 Agia Pelagia
Libre acceso

Esta pequeña iglesia del siglo XIV, bien señalizada en la zona alta de este pueblo, tiene extraños frescos sobre la vida de Cristo como Su presentación a la crucifixión, así como diversos santos e incluso músicos.

4 Agios Nikolaos
MAPA D2 ■ **Todos los días**

Fue construida por los venecianos, convertida en mezquita tras la conquista otomana y transformada de nuevo, a principios del siglo XX, en iglesia ortodoxa, consagrada a san Nicolás. El alminar es un recuerdo de los siglos de culto musulmán.

5 Moni Arkadiou
Aunque se fundó en el siglo V, la mayoría de los edificios de Moni Arkadiou data del siglo XVI. Tiene un significado especial para los cretenses. Durante la gran revuelta de 1866, en él se refugiaron civiles y combatientes por la libertad de Creta, por lo que fue sitiado por los otomanos. Los rebeldes, en lugar de rendirse, volaron los polvorines, matándose ellos y a un gran número de enemigos.

Fachada, Moni Arkadiou

6 Moni Chrissopygis
MAPA D2 ▪ 28210 91125
▪ **Todos los días** ▪ **Se cobra entrada**

El convento de la Fuente Dorada data del final de la época veneciana pero la última reconstrucción es de 1976. Las monjas pintan iconos con métodos tradicionales.

Icono bizantino de Moni Toplou

7 Moni Toplou
MAPA R4 ▪ 28430 61226 ▪
Horario: 9.00-13.00 y 14.00-18.00 todos los días ▪ **Se cobra entrada**

El monasterio de Toplou fue fortificado contra los bandidos en su fundación en el siglo XIV y tiene un imponente exterior. En contraste, su interior ofrece un mundo de tranquilos patios con flores, claustros y una iglesia que alberga el icono *Señor, tú eres grande* de Ioannis Kornaros.

8 Iglesia Agioi Deka
MAPA J5

La iglesia bizantina de los Diez Santos, del siglo XIII, ocupa el lugar donde 10 cristianos cretenses fueron martirizados por las tropas del emperador romano Decio en el año 250. En la nave cuelga un icono de los 10 santos.

9 Moni Katholiko
MAPA D2 ▪ **Libre acceso**

En un valle lleno de cuevas usadas por ermitaños se encuentra el monasterio abandonado de Katholiko. En este paraje con cierto aire fantasmagórico yacen edificios desmoronados que parecen haber salido de la pared de roca.

10 Moni Agia Triada Tzangarolon
MAPA D2 ▪ 28210 63572 ▪ **Se cobra entrada**

El monasterio de Tzangarolon se alza entre olivares. Su comunidad monástica son solo unos miembros, pero sus edificios se están restaurando poco a poco. Los visitantes son bien recibidos y los monjes venden su aceite de oliva de gran calidad.

Iconostasio de Moni Agia Triada

🔟 Castillos venecianos

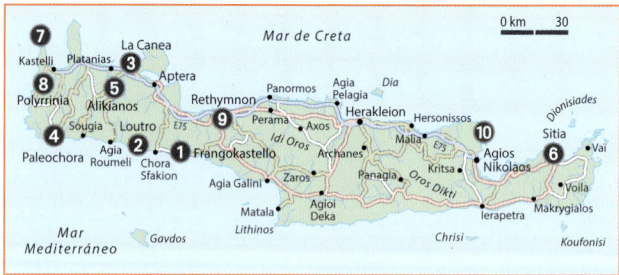

1 Frangokastello
MAPA E4

Los venecianos construyeron esta fortaleza (ver p. 102) para proteger la costa sur de los piratas sarracenos. En 1828 fue ocupada por los insurgentes griegos, pero los masacró una fuerza islámica. Cada año en torno al aniversario de la batalla, la leyenda cuenta que los derrotados aparecen como fantasmas. El castillo reparado alberga eventos en verano (ver p. 55).

Fortaleza costera de Frangokastello

2 Torre veneciana, Finikas, Loutro
MAPA D4

Esta torre, que se alza solitaria en un cabo entre Loutro y la bahía de Finix, es otro vestigio veneciano. También se pueden ver algunos sillares procedentes de una iglesia bizantina y una ciudad helénica (esta última fue un importante puerto durante la etapa romana.

3 La Canea
MAPA D2

En 1263, los venecianos perdieron La Canea ante sus archienemigos, los genoveses. La recuperaron 22 años después y decidieron hacerla inexpugnable. Empezaron por amurallar la colina situada sobre el puerto, en un barrio aún conocido como Kastelli (El Castillo). A ésta siguieron otras murallas que, pese a rechazar algunos ataques piratas, resultaron completamente ineficaces ante el ataque otomano de 1645.

4 Paleochora
MAPA B4

Kastel Selinou, el antiguo Palaiochora, se construyó en 1279 para proteger el suroeste de los piratas. El gran pirata musulmán Barbarroja lo destruyó en 1539, desde entonces ha permanecido en ruinas. Los otomanos no vieron necesidad de reconstruirlo y desde entonces se conserva como una elegante ruina.

5 Ruinas del castillo Da Molini, Alikianos
MAPA C2

Aunque están cubiertos de maleza, los deteriorados muros de esta construcción, levantada entre naranjos y limoneros, aún resultan impresionantes. En este castillo tuvo lugar una famosa matanza durante la boda, a comienzos del siglo XVI, del líder rebelde cretense Georgios Kandanoleon con la hija de Francesco Molini, que lo traicionó.

Fortaleza veneciana de Sitia

6 Fortaleza veneciana, Sitia

MAPA Q4

El fuerte veneciano de Sitia, hoy restaurado, se emplea en verano como escenario al aire libre para conciertos y obras de teatro. Aquí se encuentran los únicos restos de la muralla de la ciudad, que resistió ante los otomanos un asedio de tres años (1648-1651).

7 Gramvousa
MAPA B1

En torno al año 1220 los venecianos construyeron una fortaleza en esta pequeña isleta al noroeste de Creta, y -junto a las isletas fortificadas de Spinalonga y Souda- lo mantuvieron hasta 1715, mucho después de haber perdido la propia Creta. Hay excursiones en barco desde Kissamos.

8 Acrópolis y antigua Polyrrinia

MAPA B2

En una colina sobre la población moderna de Polyrrinia se hallan las ruinas de la próspera ciudad helénica de Polyrrinia, que cayó en manos de árabes andaluces en el siglo IX.

9 Fortaleza de Rethymnon

Los venecianos levantaron los muros de la fortaleza *(ver p. 26)* que dominaba el puerto de Rethymnon para defenderse de los cañones del Imperio otomano. Pero no sirvió ante el ingenio militar de los otomanos, que simplemente lo rodearon cuando se apoderaron de la ciudad en 1645. La fortaleza nunca más tuvo una función militar, y hasta los primeros años del siglo XX albergó viviendas.

Mezquita de la fortaleza de Rethymnon

10 Spinalonga

Este baluarte se levantó en 1579 para controlar el acceso al golfo de Mirabello. Venecia consiguió mantenerlo incluso después de la rendición de Candía (Herakleion) en 1669, y solo renunció a él tras un tratado de 1715. De 1903 a 1957 fue usada como leprosario, hecho que cuenta la novela de Victoria Hislop *La Isla (ver pp.34-35)*.

La fortaleza de Spinalonga que mira a la bahía de Elounda

TOP 10 Museos de arte y arqueología

① Colección Archanes

MAPA K4 ▪ Kalochristianaki, Archanes ▪ 2810 752712 ▪ Horario: verano 8.30-14.30 mi-lu

Las piezas encontradas en el cementerio minoico de Fourni, al norte de Archanes, se exponen en el Museo Arqueológico de Archanes, pequeño pero bastante completo, junto a objetos encontrados en otros yacimientos cercanos.

② Museo de Arte Contemporáneo de Creta, Rethymnon

MAPA F3 ▪ Mesolongiou 32, Rethymnon 74131 ▪ 28310 52530 ▪ Horario: 9.00-14.00 y 19.00-21.00 ma-vi, 10.00-15.00 sá y do ▪ Se cobra entrada

Aquí se exponen cerca de 500 obras del artista local L. Kanakakis, además de trabajos de otros artistas contemporáneos griegos. Las obras que se exponen van desde la década de 1950 hasta nuestros días. También alberga exposiciones temporales, clases y talleres.

③ Museo Arqueológico de Herakleion

Aparte de sus famosas obras minoicas, la colección tiene piezas significativas de la época romana *(ver pp. 18-19)*.

④ Museo Histórico de Creta

MAPA S1 ▪ Sofokli Venizelou 27, Herakleion ▪ 2810 283219 ▪ Horario: 9.00-17.00 lu-sá ▪ Se cobra entrada

Exposición ecléctica que incluye un modelo interactivo de la ciudad medieval, dos obras genuinas de El Greco, iconos y frescos rescatados, así como grabados de anticuario de la II Guerra Mundial y de Herakleion.

⑤ Museo Arqueológico de Kissamos

MAPA B2 ▪ Plateia Tzanaki ▪ 28220 83308 ▪ Horario: 8.30-15.30 mi-lu ▪ Se cobra entrada

Ubicado en un edificio veneciano turco, este museo expone artefactos helenísticos y romanos, así como joyas, estatuas y dos suelos de mosaico.

Estatuilla, Museo Arqueológico de Herakleion

Suelo de mosaico del Museo Arqueológico de Kissamos

8 Museo Arqueológico de Ierapetra

MAPA N6 ▪ 1 Kostoula Adrianou Ierapetra ▪ 28420 28721 ▪ Horario: 8.00-15.00 mi-do ▪ Se cobra entrada

La exposición, que ocupa una academia musulmana, incluye vasijas de barro (pithoi), sarcófagos minoicos de barro (larnakes), estatuas y armas de bronce de la época de las ciudades-Estado dorias, cuando Ierapetra fue una de las poblaciones más poderosas del este de Creta.

Museo Arqueológico de La Canea

6 Museo Arqueológico de La Canea

MAPA B6 ▪ 28210 90334 ▪ Horario: abr-oct: 8.00-21.00 mi-lu; nov-mar: 9.00-16.00 mi-lu ▪ Se cobra entrada

Ocupa un moderno edificio frente al mar En él se exponen piezas minoicas, esculturas helenísticas y romanas, cerámica y joyas halladas en yacimientos del oeste de Creta.

9 Museo Arqueológico de Sitia

MAPA Q4 ▪ Fiskokefalou 3 ▪ 28430 23917 ▪ Horario: 8.30-15.30 mi-do ▪ Se cobra entrada

Sus objetos más importantes proceden del palacio de Zakros, descubierto en 1961. Se exponen tablillas de barro con inscripciones en la escritura lineal A, herramientas de bronce y utensilios de cocina.

7 Colección Bizantina de La Canea

MAPA A5 ▪ 78 Theotokopoulou ▪ 28210 96046 ▪ Horario: 8.30-15.30 ma-do ▪ Se cobra entrada

Una razón para visitar este museo, junto a la fortaleza de La Canea, son sus iconos cretenses. La colección incluye un suelo de mosaico, fragmentos de frescos rescatados de capillas, joyería, cerámica y monedas.

Vasija, Museo Arqueológico de Sitia

10 Museo Arqueológico de Rethymnon

MAPA P2 ▪ Agios Frangiskos 4 ▪ 28310 27506 ▪ Horario: 10.00-18.00 mi-lu ▪ Se cobra entrada ▪ www.archmuseum.gr

Sus salas abarcan desde la Edad de Piedra hasta los periodos minoico y helénico y reúne piezas originales de los yacimientos arqueológicos, cuevas y cementerios de la región de Rethymnon. Está ubicado temporalmente en la iglesia de San Francesco.

▣10 **Museos tradicionales locales**

Museo al Aire Libre de Lychnostatis

① **Museo al Aire Libre de Cultura Popular, Lychnostatis**

MAPA M4 ■ Hersonissos ■ 28970 23660 ■ Horario: abr-nov: 9.00-14.00 do-vi; inv: visitas previa cita ■ Se cobra entrada ■ www.lychnostatis.gr

El modo de vida tradicional comenzó a desaparecer las últimas décadas. Este museo da una perspectiva de cómo era el día a día, del turismo, la televisión y los teléfonos móviles. Hay un molino de viento y una casa de piedra.

② **Museo Histórico y de Arte Popular, Rethymnon**

MAPA P2 ■ Vernardou 28-30 ■ 28310 23398 ■ Horario: 10.00-14.30 lu-sá; puede cerrar nov-mar ■ Se cobra entrada

En este museo, en una mansión veneciana reformada, se exponen tejidos, encajes y cerámica, vestigios de unas tradiciones ya desaparecidas.

③ **Museo del Olivo, Vouves**

MAPA C2 ■ Ano Vouves (30 km al oeste de La Canea) ■ Horario: 10.00-19.00

Este museo, en un olivar donde hay un árbol del que se dice que tiene 3.000 años, traza la historia del aceite de oliva. Se muestra una prensa antigua y recipientes de terracota. Su cafetería sirve un café delicioso.

④ **Museo del Folklore, Agios Nikolaos**

MAPA N4 ■ Konstantino Palaiologou 1 ■ 28410 25093 ■ Horario: may-oct: 14.00-16.30 todos los días ■ Se cobra entrada

En este edificio, que mira hacia el puerto interior de Agios Nikolaos, se exponen coloridas telas y trajes, aperos de labranza y pesca

⑤ **Museo de Historia Agrícola y Arte Popular, Arolithos**

MAPA K4 ■ Pueblo de Arolithos, 8 km al oeste de Herakleion por la carretera vieja ■ 2810 821050 ■ Horario: abr-oct: 9.00-15.00; nov-mar: previa cita ■ Se cobra entrada ■ www.arolithos.com

Este museo acerca a la vida tradicional cretense a través de artesanos, y tiene un restaurante y una panadería con hornos de leña.

⑥ **Museo de Guerra de Askifou**

MAPA E4 ■ Askifou ■ 6979 149719 ■ Horario: 8.00-21.00 todos los días ■ Gratis, se agradece un donativo ■ www.warmuseumaskifou.com

Fundado por George Hatzidakis, quería recoger todo vestigio de la lucha de Creta entre 1941-1944. Hoy en día cuenta con más de 2.000 artículos.

Museo de Guerra de Askifou

7 **Museo Popular, La Canea**

MAPA B6 ▪ 46B Chalidon
▪ 28210 90816 ▪ Horario: verano:
9.00-20.00 (verano hasta las 17.00)
▪ Se cobra entrada (niños gratis)

En este museo se pueden contemplar telares y ruecas tradicionales, alfombras, tapices y bordados.

8 **Museo de Etnología Cretense, Vori**

MAPA H5 ▪ Vori ▪ 28920 91111
▪ Se cobra entrada ▪ www.
cretanethnologymuseum.gr

Se explica y se rinde homenaje a la desaparecida vida rural con herramientas relacionadas con los oficios, desde la matanza del cerdo a la fabricación de botas o trampas para anguilas.

Museo de Etnología Cretense de Vori

9 **Pueblo de Artesanos de Verekinthos**

MAPA D2 ▪ Souda ▪ Horario: 10.00-14.00 y 17.30-21.00 lu-sá ▪ www.
verekinthos.com

Este pueblo abandonado cerca de Souda se ha convertido en un centro de artesanía. Hay unos 25 talleres que albergan vidrieros, joyeros, ceramistas y tejedores. Estupendo lugar para comprar un recuerdo.

10 **Museo Histórico y Tradicional, Gavalochori**

MAPA E3 ▪ Pueblo de Gavalochori
▪ 28250 23222 ▪ Horario: abr-oct:
9.00-20.00 lu-vi, 9.00-19.00 sá, 10.30-13.30 y 17.30-20.00 do; nov-mar: 8.30-15.00 todos los días ▪ Se cobra entrada

Este museo, que ocupa una antigua mansión veneciano-otomana, muestra la historia y cultura locales.

TOP 10: ARTESANÍA

Manteles bordados

1 Tejido
Aún se usan los tradicionales telares de mano, fabricados por hábiles artesanos con madera de ciprés, nogal o morera.

2 Bordado
Rethymnon era un importante centro de bordado, una técnica introducida en Creta durante la época bizantina.

3 Hilado
Las campesinas más ancianas siguen hilando la lana con un huso y una rueca, una técnica que no ha cambiado desde los tiempos minoicos

4 Instrumentos musicales
Creta tiene una importante tradición en la fabricación de instrumentos musicales (ver pp. 56-57). Todavía elaboran liras, violines y *laouto* (mandolina).

5 Bordado eclesiástico
Los monjes y monjas ortodoxos de Creta bordan las suntuosas vestiduras eclesiásticas con oro, plata y seda.

6 Talla en madera
Los carpinteros cretenses trabajan la dura madera de los olivos, cipreses y moreras.

7 Piel
Con ella se confeccionan desde botas para pastores y aperos para las mulas, hasta carteras, bolsos y prendas.

8 Platería
Se trabaja en joyas y objetos religiosos, como marcos para iconos y crucifijos.

9 Encaje
El encaje de seda *kopanelli* se teje con bobinas, una técnica revivida en Gavalochori.

10 Armas antiguas
Al *pallikari* (guerrero-héroe) cretense le gustaban las armas muy decoradas. Las piezas antiguas son de gran valor.

🔟 Cretenses famosos

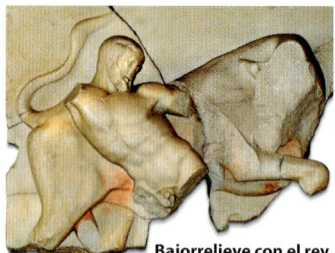

Bajorrelieve con el rey Minos y el Minotauro

1 Rey Minos

Cuenta la leyenda que el rey Minos de Creta ofendió al dios del mar, por lo que este le castigó haciendo que su mujer concibiera al Minotauro. Este Minos legendario probablemente compendie la imagen de varios reyes minoicos, cuyo poder y riqueza se mantuvieron en la memoria colectiva.

1 Ioanna Angelopoulos-Daskalaki

Esta empresaria, política y escritora de éxitos de ventas nacida en 1945 en Herakleion encabezó la candidatura ganadora de Grecia para organizar los Juegos Olímpicos de 2004. Recientemente presidió el comité para la celebración del bicentenario de la independencia de Grecia en 2021.

3 George Psychoundakis

Nacido en una familia pobre de Rethymnon, George sirvió en la resistencia durante la ocupación alemana, actuó como guía de las fuerzas británicas y mensajero corredor entre los grupos, como se cuenta en la traducción de Patrick Leigh Fermor de la biografía de Psychoundakis *The Cretan Runner*.

4 Michael Damaskinos

Michail Damaskinos (c.1530-1592) es el pintor de iconos más famoso de la escuela cretense. Sus obras son de estilo bizantino, pero sus influencias son venecianas. Algunas obras se exponen en el museo de Arte Sacro de Herakleion *(ver p. 17)*.

5 El Greco

Domenikos Theotokopoulos (1541-1614) nació en los últimos años del dominio veneciano en Creta. Estudió a los pintores de iconos de la escuela cretense, se formó con el pintor de la escuela veneciana Tiziano en Italia y se trasladó a España, donde desarrolló su estilo y llevó a cabo sus principales obras. En España recibió el sobrenombre del Greco.

6 Vitsentzos Kornaros

Kornaros (1553-1613) fue contemporáneo del Greco y Damaskinos y es considerado figura clave del renacimiento cretense. Es recordado por el ingente trabajo de toda una vida, el *Erotokritos*, la principal obra épica de la época posterior a la Grecia posbizantina. El aeropuerto de Sitia lleva su nombre.

Efigie de Vitsentzos Kornaros

7 Nikos Kazantzakis

Kazantzakis (1883-1957), nacido en Myrtia, cerca de Herakleion, se hizo famoso con su novela *Zorba el griego*, que fue la base del guion de la película homónima. La Iglesia ortodoxa lo excomulgó por sus opiniones controvertidas, aunque siempre profundamente humanistas. En su epitafio, escrito por él mismo, se puede leer: "No espero nada. No temo a nada. Soy libre".

Tumba de Nikos Kazantzakis

El primer ministro Eleftherios Venizelos

⑧ Eleftherios Venizelos

Venizelos (1864-1936) nació en Mournies, cerca de La Canea, y se hizo famoso en los alzamientos de 1889 y 1897 como líder de la campaña por la unión con Grecia. Se convirtió en presidente del país y controló la política nacional hasta la década de 1930. Más tarde, participó en un golpe de Estado republicano fallido y fue obligado a abandonar Grecia. Murió exiliado en París.

⑨ Ioannis Daskalogiannis

Muerto en 1771, fue un rico naviero que empujó a los clanes de la montañosa e inaccesible región de Sfakia a llevar a cabo la primera gran rebelión contra los otomanos en 1770. El alzamiento fracasó cuando la ayuda rusa no se materializó; Dakalogiannis se entregó en Frangokastello, fue llevado a Herakleion y fue torturado y desollado vivo, un castigo habitual para los rebeldes.

⑩ Chatzimichalis Dalianis

Dalianis, aunque era de la Grecia continental, tiene el rango de cretense honorífico por su campaña local durante la Guerra de de Independencia de Grecia. Ignorando el consejo local de hacer una guerra de guerrillas como un cretense, él y sus 385 seguidores prefirieron ocupar Frangokastello en 1828, donde sus enemigos fácilmente los masacraron.

TOP 10: 10 OBRAS DE ARTE Y LITERATURA

1 *Zorba el griego* de Kazantzakis
Esta tragicomedia homenajea el libre espíritu griego.

2 *Erotokritos* de Vitsentzos Kornaros
Esta obra épica está compuesta por más de 10.000 versos heptamétricos de 15 sílabas.

3 Pinturas del Greco
Los dos únicos cuadros del Greco que hay en Creta se encuentran actualmente en el Museo Histórico de Knossos (ver p. 117).

4 Frescos de Moni Varsamonero
Últimamente estos frescos, que abarca un período desde 1360 a 1431, se han atribuido al pintor del siglo XV Konstantinos Rikos.

5 Cuadros de Lefteris Kanakakis
El Museo de Arte Contemporáneo de Rethymnon alberga obras de Kanakakis (ver p. 48).

6 *El toro del mar* de Mary Renault
Nueva versión literaria del mito del Minotauro.

7 Edward Lear en Grecia
Diario ilustrado de Lear de su viaje por Grecia, incluida Creta, en 1864.

8 *La isla* de Victoria Hislop
Esta novela cuya acción se desarrolla en Spinalonga y Elounda cuenta la historia del descubrimiento por parte de una joven de la historia secreta de su familia.

9 *Adoración de los Magos* de **Michael Damaskinos**
Representación de la Epifanía expuesta en el Museo de Arte Sacro de Herakleion.

10 *Señor, tú eres grande* de Ioannis Kornaros
Este icono, uno de los más hermosos, intrincados y conocidos de Creta, se conserva en Moni Toplou (ver p. 45).

***Señor, tú eres grande,* de Kornaros**

🔟 Mitos y leyendas

Pintura medieval que muestra un episodio de la historia de Teseo y Ariadna

1 Teseo y Ariadna

Después de derrotar a los atenienses, Minos pidió que se entregaran a jóvenes y doncellas al Minotauro. Teseo, príncipe de Atenas, se ofrece para el sacrificio. Una vez en Creta, logra matar al monstruo y escapar del laberinto con la ayuda de Ariadna, hija de Minos, que le había entregado un ovillo con el cual guiarse a la salida.

2 Nacimiento de Zeus

Zeus fue el sexto hijo del titán Cronos, que había devorado a todos sus vástagos para evitar que lo destronaran como él hizo con su padre Urano. Zeus nació en la cueva Dictea, en Creta, y su madre Rea lo ocultó en otra cueva del monte Ida, donde creció. Siendo adulto, Zeus obligó a Cronos a regurgitar a sus otros hijos. Los dioses hermanos entablaron una guerra en la que vencieron a Cronos y los titanes.

Vasija que muestra la muerte de Talos

3 Zeus y Europa

Aunque estaba casado con la diosa Hera, Zeus tuvo muchas amantes. Entre las mortales, se cuenta la princesa fenicia Europa, hija del rey Tiro. Tomando la forma de un toro blanco, Zeus raptó a la hermosa Europa y se la llevó a Creta, donde la tomó como esposa y tuvieron tres hijos (incluyendo a Mino).

4 El plátano inmortal de Gortina

Zeus poseyó a Europa bajo este enorme plátano, situado cerca de las ruinas romanas de Gortina. Se dice que por ello el árbol nunca pierde sus hojas, ni siquiera en invierno.

5 Talos, el gigante de bronce

Según la mitología, Zeus creó este gigante de bronce para que proteger Creta. Su misión era defender las costas de Creta, lanzando rocas a los barcos que se acercaban demasiado. Talos murió a manos de los argonautas, a quienes Medea había comunicado el único punto débil del gigante, una vena cerca del tobillo.

6 Las ninfas de Dragolaki

Se dice que la cueva conocida como Dragolaki (Guarida del Dragón) está habitada por ninfas, o nereidas, hijas de Nereo, un dios del mar. La cueva se encuentra a las afueras del pueblo de Agios Ioannis, en Sfakia.

7 Hércules y el toro de Creta

El rey Aristeo impuso a Hércules, hijo de Zeus y la mortal Alcmena, 12 tareas, una de las cuales era capturar y someter al indomable toro de Creta.

8 El Minotauro y el laberinto

El rey Minos (uno de los hijos de Zeus y Europa) ofendió al dios del mar, quien como castigo mandó a la reina Pasífae un toro sagrado. De la unión de este con la reina nació el Minotauro, bestia mitad hombre, mitad toro. Minos encargó a Dédalo la construcción de un laberinto donde encerrar al Minotauro.

9 Los fantasmas de Frangokastello

Cada mes de mayo se dice que los fantasmas emergen de las cercanas dunas de arena y van hasta la fortaleza de Frangokastello *(ver p. 46)*. Son los fantasmas de Chatzimichalis Dalianis *(ver p. 53)* y sus hombres, masacrados allí por los musulmanes cretenses en 1828.

10 Dédalo e Ícaro

Dédalo y su hijo Ícaro se construyeron unas alas con plumas y cera para escapar de la prisión donde el rey Minos los había encerrado por colaborar con Teseo. Ícaro voló demasiado alto, el sol derritió la cera, y cayó al mar; Dédalo, en cambio, consiguió llegar a salvo a Sicilia.

Monumento de Dédalo e Ícaro, Agia Galini

TOP 10: CUEVAS

Interior de la cueva Dictea

1 Cueva Dictea
Esta cueva, uno de los posibles lugares donde Rea alumbró a Zeus, se halla en la meseta de Lasithi y alberga un lago artificial.

2 Sfendoni
En el macizo de Ida se oculta una de las cuevas más impresionantes de Creta, llena de curiosas formaciones rocosas.

3 Cueva de Ida
Según la mitología, esta enorme cueva en las laderas del monte Ida fue el escondite de Zeus durante su infancia.

4 Kamares
Esta cueva, en el monte Ida, da nombre a la cerámica minoica descubierta en ella.

5 Skotino
Una de las mayores cuevas de Creta fue consagrada a la diosa virgen local Britomartis; luego se transformó en un santuario dedicado a Artemisa.

6 Inatos
En esta gruta del acantilado situado sobre Tsoutsouros se rendía culto a la diosa Ilitia, hija de Zeus y Hera.

7 Ilitia
En esta cueva, cuna de Ilitia, diosa de los nacimientos, se han encontrado figurillas de piedra de mujeres embarazadas.

8 Profitis Ilias
Esta gruta es otro de los parajes donde se cree que Rea pudo tener a Zeus.

9 Melidoni
Se dice que esta cueva era la guarida de Talos, el gigante de bronce que protegía Creta.

10 Cueva de los Santos Padres
Esta sombría gruta situada en la remota región de Selino es hoy un santuario griego ortodoxo.

🔟 Música e instrumentos

Intérprete tradicional de *askomandoura*

1 Askomandoura

La *askomandoura* o gaita griega era un instrumento popular en las islas meridionales del Egeo. En la actualidad está viviendo un pequeño resurgimiento gracias al empeño de una serie de intérpretes jóvenes de rescatar sus raíces musicales.

2 Voulgari

El *voulgari*, la versión cretense del laúd de mástil largo conocido en Turquía como saz, era un instrumento solista habitual en la música popular cretense, aunque ya no es tan frecuente su presencia.

3 Santouri

El salterio o *santouri*, que se toca con un macillo, es otra aportación de Asia Menor a Grecia, donde no empezó a tocarse habitualmente hasta la década de 1920. El *santouri* probablemente evolucionó de instrumentos de la familia de arpa como la *lyra* de los antiguos cretenses.

4 Gerakokoudouna

En ocasiones los intérpretes de *lyra* atan unas diminutas *gerakokoudouna* o campanillas de cobre o plata al arco de crin con el que tocan el instrumento. Estas campanillas no son solo ornamentales, proporcionan un animado y rítmico tintineo de acompañamiento.

5 Kithara

La *kithara* o guitarra, tanto acústica como eléctrica, ha desbancado a muchos de los instrumentos más antiguos y se ha convertido en miembro habitual de los conjuntos populares.

6 Lyra

La *lyra* de tres cuerdas es típica de Creta, aunque también se toca en varias islas cercanas. tiene un cuerpo redondeado y orto con forma de pera, y su mástil es robusto y sin trastes. El intérprete de lyra la apoya sobre una rodilla y toca con un pequeño arco.

Músicos, uno de ellos con *lyra*

7 Daoulaki, Toumbi

Este tambor específico de los pueblos de alrededor de Sitia tiene dos nombres. El *daoulaki* se toca con dos baquetas, y varías en tamaño desde 30 a 120 cm de diámetro. Ahora se ve y oye raramente.

8 Laouto

El *laouto*, versión cretense de la bandurria, es uno de los instrumentos más importantes para los músicos y compositores de la isla. Se suele utilizar para dar un ritmo de fondo a la *lyra* y, junto a ésta, forma parte esencial en cualquier conjunto popular cretense. El *laouto* también se puede oír en ocasiones como instrumento solista.

***Bouzoukis* y otros instrumentos**

9 Bouzouki

Este laúd de mástil largo con trastes con cuatro cuerdas dobles procede de Asia Menor, pero ha existido en Grecia desde el siglo XIX. La música del *bouzouki* ganó popularidad tras el contacto cultural entre las poblaciones griega y turca de la década de 1920, pero después de la II Guerra Mundial perdió popularidad.

10 Baglamas

Este instrumento de cuerda no es originario de Creta y lo fabricaban los presos con una calabaza seca o una concha de tortuga como caja de resonancia y cuerdas metálicas.

TOP 10: CANCIONES Y BAILES TRADICIONALES

Mujeres bailando el *syrtos*

1 Syrtos
El *syrtos*, popular en toda Grecia, es el baile griego en círculo más conocido.

2 Pidaktos
En el *pidaktos*, un baile del este de Creta, se dan grandes y atléticos saltos.

3 Pentozalis
Los alegres ritmos del *pentozalis* rigen este baile.

4 Sousta
Insinuante baile para los jóvenes y uno de los favoritos en bodas y fiestas.

5 Hasapikos
El *hasapikos* o baile del carnicero sirvió de inspiración para el baile Zorba en la película *Zorba el griego*.

6 Siganos
El elegante *siganos* es bailado en todas las fiestas por grupos de hombres y mujeres.

7 Mandinades
Estos tradicionales pareados son típicos de la rica tradición oral de Creta, y muchos se improvisan en los festivales.

8 Rizitika
Elegías caballerescas de acontecimientos y personajes históricos, con letras explícitas o metafóricas, a menudo interpretadas a capela, de la provincia de La Canea.

9 Haniotis
El *haniotis*, original de La Canea, es un baile en línea para hombres y mujeres.

10 Tabachaniotika
Es la versión cretense de los años de la panhelénica rembetika, canciones del submundo urbano que hicieron populares los refugiados de Asia Menor, alguno de los cuales se asentaron en La Canea.

TOP10 Pueblos

Tiendas a lo largo del pueblo de Kritsa

Kritsa
MAPA N5 ■ Lato: horario 8.30-15.00 ma-do

Las amplias vistas de las montañas circundantes, sumadas a la reputación de ser uno de los principales centros artesanales del este de Creta, hacen de Kritsa un popular destino turístico. La calle principal está repleta de tiendas con bordados, alfombras y artículos de cuero. Alrededor de una hora a pie desde Kritsa se encuentra el pequeño yacimiento arqueológico de Lato.

Argyroupoli
MAPA E4

El pueblo de montaña más hermoso del oeste de Creta se halla en las estribaciones de los Lefka Ori, sobre la ciudad helénica de Lappa. Las laderas de este valle, regadas por manantiales, están cubiertas por una frondosa vegetación. Argyroupoli es un buen punto de partida para realizar sencillas rutas a pie.

Elos
MAPA B3

Elos es uno de los Enea Choria (Nueve Pueblos), repartidos entre los castañares de la región de Selino. A 600 m sobre el nivel del mar, en verano resulta más fresco. Elos está rodeado de bosque y acoge una capilla bizantina del siglo XIV y un acueducto otomano en ruinas.

Alikianos
MAPA C2

Lo más destacado de Alikianos son las ruinas del castillo veneciano de la aristocrática familia Molini (ver p. 46) y la célebre iglesia del siglo XIV de Agios Ioannis (o Ai-KirYanni, en dialecto local cretense). Con todo, el pueblo, que está rodeado por arboledas de cítricos, resulta pintoresco de por sí.

Kournas
MAPA E3

Kournas yace a los pies del monte Dafnomadara, cerca del único lago de agua dulce de Creta. Acoge dos iglesias bizantino-venecianas consagradas a Agios Georgios y Agia Eirini. En torno a la calle principal se alza un conjunto de casas de piedra.

6 Hamezi
MAPA Q5

Sobre la bahía de Sitia se encuentra Hamezi, habitado desde la época minoica. Desde el actual pueblo, un conjunto de casas de piedra adornadas con flores, se pueden contemplar los restos de los edificios minoicos situados sobre la colina.

7 Ethia
MAPA Q5

Esta aldea fue de una gran importancia durante la ocupación veneciana, ya que conformaba el feudo de la familia De Mezzo. Su propiedad familiar ha sido restaurada y tiene una exposición sobre la vida en la Creta veneciana.

8 Topolia
MAPA B3

Este pueblo entre bancales, praderas y olivares se encuentra entre Kastelli y Paleochora, en un valle bien regado que conduce hasta la garganta de Topolia. Su iglesia de Agia Paraskevi data de la última etapa bizantina.

Vista aérea del lago Kournas

Iglesia de piedra del pueblo de Axos

9 Axos
MAPA H4

En la ruta más directa desde Perama a Anogeia, junto a la autopista entre Herakleion y Perama. Dispone de unas vistas impresionantes y una interesante iglesia bizantina consagrada a Agia Eirini. Este pueblo es parada habitual entre los grupos de turistas; sus tabernas se llenan a la hora del almuerzo. En la colina que se alza sobre Axos, hay restos de un antiguo asentamiento.

10 Voila
MAPA Q5

En Voila, el pueblo fantasma más impresionante de Creta, los lagartos se escabullen entre los muros en ruinas y las puertas desvencijadas. Este paraje está dominado por las ruinas de un castillo veneciano (sobre la colina) y por una torre otomana. El único edificio aún intacto es la iglesia de Agios Georgios. Hay dos fuentes otomanas que siguen proporcionando agua fresca a los visitantes.

🔟 Centros vacacionales junto a la playa

1 Georgioupoli
MAPA E3

Está situado junto a la desembocadura del río Perastikos, 20 km al oeste de Rethymnon. Se trata de un pueblo turístico en cuyo centro hay una plaza sombreada por eucaliptos y rodeada de tabernas. El hotel de Georgioupoli se extiende junto a una gran playa.

2 Matala
MAPA G6

Las calas de arena gruesa y guijarros de Matala, rodeadas por acantilados de roca rojiza que guardan catacumbas romanas, atrajeron a los *hippies* de la década de 1960. Hoy, sigue siendo un destino agradable, pero su turismo se ha vuelto más tradicional. Ofrece un buen punto de partida desde el que visitar Gortina y Festos.

Cuevas artificiales, playa de Matala

Aguas cristalinas de Elounda

3 Elounda
MAPA N4

Elounda, que se encuentra frente a las aguas cristalinas del Golfo de Mirabello y la isla de Spinalonga, está a 11 km del norte de Agios Nikolaos, al este de Creta. Antiguamente era un pacífico pueblo de pescadores, pero ahora es uno de los destinos más lujosos de Grecia y tiene la mayor concentración de hoteles de cinco estrellas después de Santorini.

4 Malia
MAPA M4

Malia es uno de los centros turísticos más populares de la isla, gracias a su magnífica playa de arena y su cercanía al aeropuerto internacional de Herakleion. Los deportes acuáticos y la vida nocturna atraen a multitud de jóvenes en julio y agosto. Pero no todo es bullicio, también cuenta con lugares tranquilos.

 5 Hersonissos
MAPA M4

La hilera de hoteles, apartamentos, bares, restaurantes, clubes de baile y tiendas de Hersonissos, el mayor complejo turístico de la isla y uno de los más animados, se extiende a ambos lados de la carretera de la costa del norte. Casi se ha unido con sus vecinos Stalida y Malia. Recibe sobre todo a grupos de turistas.

La playa de Souda, al oeste de Plakias

6 Makrygialos
MAPA Q5

La playa de Makrygialos, una franja de arena gris y guijarros situada al pie de laderas cubiertas de pinos, es la mejor y más extensa del sudeste de Creta. Este pueblo y su vecino Analipsi se han unido en una única hilera.

7 Paleochora
MAPA B4

En un cabo coronado por un castillo veneciano en ruinas, se encuentra Paleochora, que es en parte pueblo pesquero y en parte complejo turístico. Tiene dos playas: una de arena amarilla en el extremo oeste y otra de guijarros menos frecuentada al este.

8 Plakias
MAPA F4

Una gran extensión de limpia arena gris atrae a los turistas a este centro vacacional de la costa sur, pero hay playas cercanas incluso mejores justo al oeste de Souda (con palmeras) y al este en torno a Dammoni, donde hay tres calas. Plakias es uno de los destinos de playa más tranquilos de la isla. Su oferta hotelera se basa principalmente en apartamentos.

9 Platanias
MAPA C2

La playa de Platanias se extiende 2 km al oeste del casco antiguo de La Canea y cuenta con hoteles, cafés y tiendas. Por su cercanía a La Canea, Platanias es uno de los puntos más animados de la costa noroeste de Creta.

10 Bali
MAPA H3

Este centro vacacional, construido junto a una serie de calas de la costa norte se anima en temporada alta, cuando la gente acude a tomar el sol en su playa Paraíso (oficialmente Livadi).

Turistas en la playa de Bali

TOP 10 Maravillas de la naturaleza

1 Garganta de Imbros
MAPA D4 ■ Horario: 7.00-atardecer todos los días ■ Se cobra entrada: verano

Comunica los pueblos de Komitedes e Imbros. En su punto más estrecho tiene 2 m de anchura. Se puede recorrer a pie en 3 horas.

Paisaje de la garganta de Imbros

2 Montes Blancos (Lefka Ori)
MAPA C-D4

La región de los montes Blancos de Creta es una de las zonas naturales que todavía permanecen vírgenes en Europa. Se trata de unas montañas agrestes, desérticas y con profundas gargantas por las que fluyen pequeños arroyos en primavera. La garganta más famosa es la de Samaria (ver pp. 30-31). En invierno, las cumbres de estos montes se cubren de nieve, pero en verano las temperaturas llegan a superar los 35°.

3 Lago Votamos (Zaros)
MAPA J5

Las aguas frías y claras del lago Votamos, rodeado por yermas laderas silíceas, proceden de un manantial subterráneo que suministra la mayor parte del agua mineral embotellada en el este de Creta. Cerca de la orilla arranca una bonita ruta por la garganta; también hay tabernas que sirven trucha del lago a la brasa.

4 Aspros Potamos
MAPA P5

El valle del río Blanco –un arroyo que, como la mayoría de los ríos cretenses, discurre sólo durante invierno y primavera– acaba en el mar, en el extremo este de la playa de Makrygialos. Ofrece un agradable paseo entre pinares, laderas rocosas, bancales y olivares.

5 Meseta de Omalos
MAPA C3

Esta fértil meseta rodeada de laderas rocosas se encuentra al norte de los montes Blancos. Las lluvias invernales han ido arrastrando durante milenios el suelo de las laderas circundantes creando este paraje a gran altitud. Es uno de los lugares más bonitos y tranquilos de Creta, sobre todo en primavera. El punto de partida ideal es el pueblo de Pefki.

Ruinas en la isleta de Elafonisi

6 Lago Kournas
MAPA E3

En la principal masa de agua dulce de Creta se pueden contemplar galápagos y aves acuáticas. Es más bonito en primavera o principios de verano y se pueden alquilar barcas.

Aves en las playas del lago Kournas

7 Vaï
MAPA R4

Esta extensión de palmeras datileras nativas de Creta que cubre la playa de Vaï, es la mayor de la isla; los otros palmerales se encuentran en Preveli, Souda y Plakias. Las de la especie *Phoenix theophastri* llevan el nombre del botánico que las descubrió.

8 Garganta de Kourtaliotiko
MAPA F4

Ranas, galápagos, cangrejos y pequeñas culebras de agua chapotean y se deslizan en charcas de agua dulce junto a este bonito cañón que se abre debajo de Preveli, en la costa sur.

9 Elafonisi
MAPA A4

Esta isla diminuta y muy cercana a Creta pudo ser en época bizantina o veneciana una reserva de ciervos, pues su nombre significa isla del Ciervo. Elafonisi está separada de Creta por una laguna de aguas turquesas que se puede atravesar a pie *(ver p. 84)*.

10 Lasithi
MAPA M4

Esta región se presenta a los turistas como la llanura de los molinos de viento, aunque de los miles de molinos de aspas blancas que existían son pocos los que todavía funcionan. El recorrido hasta esta hondonada de tierras fértiles es impresionante. El trazado de campos, jardines y huertos de Lasithi contrasta con las grises laderas sin árboles de los alrededores.

Molinos de la meseta de Lasithi

🔟 Rutas por la montaña

Senderismo por la garganta de Samaria

1 Garganta de Samaria

La garganta de Samaria, que atraviesa el rudo y hermoso paisaje del Parque Nacional de Samaria, es la ruta a pie más popular de Creta. Al principio el sendero desciende abruptamente desde la meseta de Omalos, después atraviesa pinares y pueblos en ruinas, para acabar junto al mar, en el pequeño pueblo de Agia Roumeli *(ver pp. 30-31).*

2 Cruzar los Lefka Ori
MAPA C4-D4 ▪ Refugio de montaña Eos, Kallergi ▪ 28210 44647 ▪ Abierto abr-oct

La ruta de dos días a través del agreste paisaje sin árboles de los elevados montes Blancos resulta espectacular, aunque se aconseja sólo a senderistas experimentados y entrenados. En este macizo, con cumbres de hasta 2.453 m de altitud, las temperaturas son muy bajas en invierno y muy altas en verano.

3 Garganta de Imbros
MAPA D4

Esta garganta, que corta el extremo oriental de los montes Blancos, ofrece una ruta algo más breve que la de la garganta de Samaria (más conocida y frecuentada). El recorrido es igual de impresionante –especialmente en primavera y otoño– y permite alejarse de las multitudes de excursionistas.

4 Garganta de Hochlakies
MAPA R4

Es una ruta fácil que comienza a las afueras del pueblo de Hochlakies cerca de Sitia atravesando las espectaculares formaciones rocosas de esta garganta. Después de 45 minutos se encuentra la playa de arena de Karoumes. Después de un baño, puede rehacer sus pasos.

5 Ascensión del monte Ida
MAPA H4

La ascensión de ocho horas al monte Ida (2.456 m), la montaña más alta de Creta, comienza en la meseta de Nida. El sendero (7-8 horas en subir y bajar) es mejor hacerlo en un largo día de mayo o junio; puede haber nieve cerca de la capilla de a cumbre.

Senderismo por los Lefka Ori

Kapetaniana, cerca del monte Kofinas

9 Garganta de Zakros
MAPA R5

Esta ruta, que discurre por la garganta de Zakros, también conocida como valle de los Muertos, serpentea por un espectacular paisaje siguiendo un cauce seco situado entre erosionados acantilados de caliza con cuevas que los minoicos empleaban para enterramientos. Un acueducto suministra agua potable.

6 Monte Kofinas
MAPA K6

Tómese un día para subir desde Kapetaniana hasta la cima del monte Kofinas (1.231 m) y regresar. Hay vistas del monte Ida, el macizo Dikti y la costa sur.

10 Agia Roumeli-Loutro
MAPA C4-D4

Esta caminata de cuatro horas comienza en paralelo a la playa de guijarros de Agios Pavlos, sube la empinada Escalera de Mármol hasta una elevada meseta con pinares, baja por la garganta de Aradena y zigzaguea por un agreste acantilado para acabar en la hermosa localidad costera de Loutro.

7 Sougia-Agia Roumeli
MAPA C4

Esta ruta de dos días comienza en el tranquilo pueblo costero de Sougia, en el extremo suroeste de los montes Blancos. Primero asciende por pastos, después transcurre por prados floridos y pinares hasta unas yermas laderas por encima del mar, y desciende hasta Agia Roumeli. Hay que saber orientarse y llevar un buen mapa.

8 Sendero europeo de larga distancia E4

Esta ruta, larga y dura, es apta solo para senderistas experimentados y muy preparados, las señalizaciones son variables: señales metálicas amarillas y negras, postes o rocas pintadas. Se tarda al menos 30 días en completar este circuito desde Kissamos en el oeste hasta Palaikastro en el este.

El pueblo costero de Loutro

TOP10 Flora y fauna

Ratón espinoso adulto con su cría

1 Ratón espinoso de Creta

Este ratón espinoso es autóctono de la isla. Como la mayoría de los roedores pequeños, es nocturno, por lo que no resulta fácil de avistar. Con suerte, al ponerse el sol en las laderas rocosas, se pueden ver sus grandes orejas y sus púas

2 Autillo

Este pequeño búho de plumaje gris y brillantes ojos amarillos es común en Creta. Anida en los agujeros de los muros, en postes de teléfonos o tocones de árbol. El mejor momento para verlos es el atardecer; mientras que por la noche se les puede oír llamándose entre ellos con un silbido.

3 Podalirio

Esta mariposa, una de las mayores de Europa, tiene las alas de color amarillo pálido o blanco, con rayas oscuras y puntos rojos y azules. Es una gran voladora y, en verano, se la puede ver por toda la isla.

Podalirio

4 Geco

Estos lagartos de grandes ojos tienen unas ventosas en los dedos que les permiten subir por paredes y tejados. Viven en los recovecos de las construcciones abandonadas, especialmente alojamientos turísticos alrededor de la isla, y salen al anochecer para cazar insectos con los que alimentar.

5 Quebrantahuesos

Se puede divisar al raro quebrantahuesos, el ave de presa mayor de Europa, volando sobre la meseta de Omalos o en las altas cumbres de los montes Blancos. El quebrantahuesos se alimenta de cabras y ovejas muertas; en ocasiones, para poder llegar al tuétano, rompe los huesos lanzándolos desde una gran altura.

El majestuoso quebrantahuesos

6 Gato montés cretense

Los pastores de Creta llevaban mucho tiempo afirmando que en las zonas más agrestes de la isla vivía un gran gato montés llamado *fourogattos*. A mediados de la década de 1990, unos zoólogos italianos lograron atrapar el primer ejemplar vivo. Esta especie pesa 5,5 kg, tiene la piel rojiza y emite un poderoso maullido, y es un redescubrimiento bastante sorprendente.

7 Pelícano

El pelícano cenudo, que se alimenta en los lagos y humedales del norte de Grecia, Macedonia y Albania, migra hacia el sur para pasar el invierno en el delta del Nilo. Algunas de estas aves, desviadas por las tormentas o cansadas por la fuerza de los vientos, se detienen en Creta.

Pelícano dálmata iniciando el vuelo

8 Kretania psylorita

Esta mariposa cretense se encuentra sólo en las laderas más altas de los montes Dikti e Ida. La pérdida de su hábitat está poniendo en peligro a este gran lepidóptero.

9 Halcón de Eleonor

El halcón de Eleonor, una especie muy escasa, acude en busca de alimento a algunas de las islas cercanas a Creta. A veces se le puede ver volando, realizando acrobacias sobre los acantilados de Zakros.

10 Cabra montés

Kri-kri es el nombre de la especie de cabra montés autóctona de Creta. Tal vez haya unos 2.000 especímenes de este tímido animal en el Parque Nacional de la Garganta de Samaria, los acantilados de montes Blancos y la isleta de Dia, junto a la costa norte de Creta.

Macho de cabra montés cretense

TOP 10: ÁRBOLES Y FLORES

Ébano cretense en una montaña

1 Ébano cretense
Este árbol, con flores rosadas en forma de espiga, crece en acantilados y laderas rocosas.

2 Enebro
Dos especies de esta planta viven en Creta: una se encuentra en las playas de arena con arbusto que tolera la sal, y la otra en el interior en forma de grandes árboles.

3 Dragonera
La dragonera, una planta con flores rojas, aparece representada en varios frescos minoicos. Crece en zonas umbrías al pie de los árboles.

4 Abeja amarilla
En primavera, esta orquídea, cuyas flores imitan al insecto que atrae, florece con profusión en las laderas montañosas.

5 Cazamoscas
El cazamoscas tiene flores irregulares de color rosa intenso. Atrapa los insectos con los pelos cubiertos de savia de sus tallos espinosos.

6 Amapola marina
Esta amapola da una pincelada de color a los rocosos tramos de la costa cretense.

7 Caña
A orillas de los arroyos cretenses crecen las cañas, que pueden alcanzar los 4 m de altura.

8 Ciclamen
Esta planta florece en octubre en terrenos aparentemente yermos, anunciando el principio del otoño.

9 Azafrán
Esta flor malva con estambres de color amarillo intenso florece a principios de año.

10 Plátano
Endémico de Creta, ha evolucionado hasta adaptarse al duro clima de la isla. Es una subespecie del plátano oriental común.

TOP10 Vida nocturna

Cenando al aire libre en Paleochora

La zona más bulliciosa de la ciudad es Odos 25 Martiou, donde se encuentra media docena o más de bares de música; otros tantos locales se sitúan alrededor del puerto. La oferta de clubes es más limitada, con solo uno o dos establecimientos *(ver pp. 112-113)*.

① Paleochora
MAPA B4

La vida nocturna de Paleochora, un refugio hippy hasta bien entrada la década de 1980 *(ver p. 102)*, es muy tranquila. Junto a la orilla de la playa de Chalikia (al este de la población), hay bares con música suave; a las afueras de la ciudad se encuentran un par de discotecas al aire libre.

② Agios Nikolaos
MAPA N4

La vida nocturna de Agios Nikolaos resulta sorprendentemente animada, si se compara con su tranquilidad diurna.

③ Agia Pelagia
MAPA K3

Este sencillo centro vacacional que se encuentra a 20 km al oeste de Herakleion, y está construido en una ladera que da a una bahía protegida con una playa de arena en curva. En verano es una popular escapada nocturna para los lugareños que vienen a los bares de copas junto al agua y las tabernas de pescado y marisco.

④ Platanias
MAPA C2

En los fines de semana veraniegos, Platanias se convierte en el destino de la mayoría de los jóvenes de La Canea. Hay al menos una docena de clubes, casi todos con pistas de baile al aire libre. El ambiente no se anima hasta la medianoche *(ver p. 105)*.

⑤ Agia Galini
MAPA G5

Este centro turístico *(ver p. 93)* ha hecho de la fiesta su especialidad. El ambiente se anima a las 23.00 en los bares y clubes de baile alrededor del puerto hasta tarde.

El puerto de Agos Nikolaos durante el crepúsculo

Taberna de Hersonissos

6 Hersonissos
MAPA M4

Este antiguo pueblo pesquero tiene un gran número de bares, clubes, restaurantes y albergues, que se extienden por algunas de las mejores playas de la costa norte. La clientela es multilingüe *(ver p. 93)*.

7 Rethymnon
MAPA F3

Los bares de música más animados se encuentran en las calles del casco antiguo que salen del puerto. Entrada la noche, la actividad se traslada a los clubes aire libre del complejo turístico, en la orilla al este del centro *(ver pp. 26-27)*.

8 Ierapetra
MAPA N6

La única ciudad de la costa sur, Ierapetra está llena de vida nocturna, con bares musicales, *pubs,* tabernas que sirven pescado y restaurantes abiertos a lo largo del paseo marítimo. Los eventos musicales son habituales en verano.

9 Herakleion
MAPA K3

Los turistas no suelen quedarse en la capital de Creta *(ver pp. 16-17)*, por lo que su vida nocturna no se asemeja a la de los centros vacacionales. Los jóvenes se reúnen en cafés y bares de música alrededor de Plateia Venizelou y Odos Chandakou.

10 La Canea
MAPA D2

En las noches de verano, la música de los locales del puerto de La Canea *(ver pp. 20-21)* inunda la calle. Si se prefieren bares y cafés a clubes de baile, hay pocos lugares en Creta mejores. La mayoría de los jóvenes de La Canea cambia los cafés por los clubes de Koum Kapi (al este de las viejas murallas) o de Platanias cuando llega la medianoche *(ver p. 105)*.

Tabernas del casco antiguo de La Canea

TOP**10** Comida y bebida

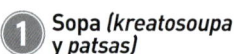

La sopa *patsas*, hecha con callos

① Sopa (*kreatosoupa y patsas*)

La cocina tradicional de Creta utiliza todo tipo de carnes. La *kreatosoupa* (sopa de carne) se prepara con huesos y restos de cabra, cordero o ternera, mientras que la *patsa* es una rica sopa hecha con callos. Ambas se suelen servir en las fiestas, cuando se mata una cabra para asarla.

② Tsikoudia

El *tsikoudia* o *raki* es un licor destilado con los hollejos, semillas y ramitas que quedan tras prensar las uvas, y se parece a la *grappa* italiana. Algunos comienzan el día con un chupito de *tsikoudia* y un café fuerte. También se toma después de las comidas.

***Tsikoudia*, un licor tradicional cretense**

③ Queso (*piktogalo y myzithra*)

Los quesos de Creta, como el *myzithra* (elaborado con leche fresca de oveja) y el *piktogalo*, un queso blando hecho en La Canea.

④ Cerveza

Creta tiene algunas pequeñas destilerías que vale la pena probar. En La Canea hay tres etiquetas de la cerveza Charma (*dunkel, lager* y *ale clara*), mientras que la Brink's de la provincia de Rethimnon es conocida por su cerveza negra orgánica y otras más ligeras.

⑤ Vinos

Los vinos cretenses son cada vez más elaborados, a medida que los fabricantes mejoran e introducen nuevas técnicas. Las mayores bodegas se encuentran en Peza, en la región de Herakleion, pero también hay otras muy buenas que se pueden visitar cerca de Sitia y La Canea.

⑥ Salchichas cretenses (*loukanika*)

Las *loukanika*, pequeñas salchichas especiadas de cerdo, se preparan en todo el país, pero las de Creta son consideradas de las mejores. Las más famosas proceden del distrito de Skafia y se sirven preferiblemente a la parrilla, y algunas veces fritas. Son un plato de las *mezedopoleia* (restaurantes de tapas).

⑦ Café griego (*kafes ellinikos*)

El café muy molido y el azúcar se hierven juntos en pequeños recipientes de metal para preparar una bebida negra y espesa que se sirve en una taza diminuta junto a un gran vaso de agua. El café dulce se llama *glyko*, con menos azúcar, *metrio*, y sin azúcar, *sketo*.

Aceitunas frescas a la venta

⑧ Aceitunas

El olivo es indisociable de Creta, tanto paisajística como culturalmente. De hecho, ha aportado, además de alimento, aceite para las lámparas, leña para el fuego y madera para construir y favoreció el desarrollo de la civilización minoica. Hay aceitunas de muchos tamaños y sabores y el aceite de oliva cretense, sobre todo el de Kolymvari, tiene fama mundial.

Caracoles con salsa de tomate

⑨ Caracoles *(chochlioi)*

Los caracoles, que en épocas de escasez sirvieron de valiosa fuente de proteínas, hoy son un manjar. Se toman estofados en salsa roja o salteados al estilo *bourbouristi* con ajo, hierbas y aceite de oliva. Los camareros enseñan a extraerlos.

⑩ *Stamnagathi* (achicoria espinosa)

La achicoria espinosa es muy estimada y se sirve ligeramente escaldada. Se recogen a comienzos de otoño, aunque se cultiva todo el año.

TOP 10: HIERBAS CRETENSES

1 Díctamo
Esta variedad del orégano, que toma su nombre de los montes Dikti, es autóctona de Creta y se le atribuyen desde hace mucho tiempo propiedades reconstituyentes.

2 Salvia
La salvia de las montañas cretenses es una hierba medicinal muy preciada; se dice que reduce la fiebre y cura el dolor de garganta.

3 Azafrán
Este caro condimento, que se obtiene de la flor del azafrán, se emplea para añadir color y sabor a sopas y guisos.

4 Hinojo
Esta hierba de la familia de las zanahorias crece en el campo y se comen tanto sus brotes, ideales para el pesado estofado, como sus raíces que se usan para cocinar, especialmente las sepias.

5 Té de roca
Endémica de Creta, a esta planta se le atribuyen propiedades curativas y es muy tomada en infusión.

6 Canela
Los cretenses se aficionaron a las especias durante las etapas otomana y veneciana. Actualmente la canela se emplea para dar sabor a postres como el *rizokalo* (arroz con leche).

7 Orégano
Esta planta de sabor característico es muy usada en la cocina cretense.

8 Romero
Los cretenses usan el abundante romero principalmente para aderezar platos de pescado.

9 Menta
Esta hierba aromatiza el aire en los paseos por el campo y da sabor a docenas de platos, como los *keftedes* (albóndigas).

10 Tomillo
El tomillo, de olor agradable y flores azul intenso, crece silvestre junto a las carreteras y laderas de Creta.

Tomillo en plena floración

TOP 10 **Restaurantes**

El pintoresco patio del restaurante Avli de Rethymnon

1 Avli, Rethymnon

Este restaurante con patio es uno de los mejores de Rethymnon. En su bonito jardín se sirven recetas tradicionales de carne a la parrilla y al horno, además de los típicos platos isleños como *apatzia* (salchichas ahumadas) y cabra asada *(ver p. 109)*.

2 Tamam, La Canea

Tamam es un restaurante de La Canea popular entre lugareños y veraneantes. Su carta incluye platos del Mediterráneo oriental. Constituye también una buena opción para los vegetarianos *(ver p. 109)*.

Exterior del Tamam, La Canea

3 Prima Plora, Rethymnon

En un espacio mágico junto al mar y enfrente de la fortaleza de Rethymnon, este restaurante mediterráneo y bar de vinos *(ver p. 109)* sirve clasicos locales, desde ceviche a tartar de atún. El vino es excelente.

4 The Balcony, Sitia

Dirigido por una pareja cretense francesa, este restaurante se ubica en un edificio neoclásico reformado. Comida de fusión griega, mexicana, asiática y francesa. Usan hierbas silvestres y productos locales en platos que van desde los caracoles con tomate y queso de cabra al filete de cerdo con yogur y arroz *(ver p. 119)*.

5 The Five Restaurant, La Canea

Este bonito restaurante junto al mar en Nea Chora sirve clásicos cretenses, además de vinos locales y cervezas *(ver p. 109)*.

6 Methexis, Paleochora

El Methekis, que se encuentra en la parte este del frente marítimo, lejos de la zona principal de restaurantes, destaca por sus recetas cretenses creativas que cocinan en cantidades limitadas. Intente llegar temprano. Abre todo el año.

(7) 7 Thalasses, Herakleion

El 7 Thalasses (7 mares) está al este del centro de la ciudad en Nea Alikarnassos, cerca del aeropuerto. Los lugareños lo consideran uno de los mejores restaurantes de pescado de Creta. Entre sus especialidades se incluyen los calamares con pesto y la lubina con trufas y espárragos, además de exquisitos *sushi* (ver p. 97).

(8) Poulis, Elounda

En una hermosa ubicación en la costa, este restaurante cuenta con mesas en un pontón flotante, iluminado por la noche, parece como si se estuviera cenando en un yate. El pescado, el pulpo y los calamares son excelentes y la tradicional meze excepcional (ver p. 119).

(9) Veneto, Rethymnon

Bajo las bóvedas del siglo XIV que cubren el Veneto (ver p. 109) se hallaba el refectorio de los monjes que vivían en el piso superior. Se puede optar por el menú degustación o por las especialidades cretenses. El servicio es excelente.

Escenario del restaurante Veneto

(10) The Ferryman, Elounda

Este local, que tiene mesas al borde del agua, toma su nombre de la serie de BBC *Who Pays the Ferryman*, que se filmó en este lugar. Sirve especialidades cretenses como langosta fresca y cabra montés asada (ver p. 119).

TOP 10: PESCADOS

Barbounia, **o salmonetes fritos**

1 *Barbounia*
El salmonete figura en casi todos los menús para turistas, ya sea frito o a la brasa. Hay que tener cuidado con las espinas.

2 *Melanouria*
La oblada es común en primavera, tiene varios tamaños, es sabroso y normalmente se come a la parrilla.

3 *Fangry*
El pargo rojo, apreciado por su delicada carne blanca, se asa y se sirve entero; normalmente, no siempre, es uno de los pescados más caros del menú.

4 *Marides*
Los pequeños chanquetes se enharinan, se fríen en abundante aceite y se sirven acompañados de lechuga y una rodaja de limón.

5 *Lavraki*
La lubina se hornea con aceite de oliva, vinagre de vino blanco y romero y se sirve entera.

6 *Sardeles*
Las sardinas se suelen asar a la brasa, envueltas en hojas de parra para que conserven el sabor y la humedad. Saladas y en escabeche se sirven como meze.

7 *Xifias*
El pez espada, que a veces es congelado, es uno de los favoritos de los cocineros.

8 *Skorpina*
El sabroso pez escorpión es esencial en la sopa de pescado; también se come a la parrilla.

9 *Tonnos*
Los filetes de atún son más ricos en primavera y otoño, cuando los atunes cruzan las aguas cretenses.

10 *Gopes*
Este pescado pequeño y espinoso es el más barato de la carta; una vez que se le quitan las espinas resulta delicioso.

TOP 10 Tabernas rurales

Bandeja de platos típicos cretenses

1 Piperia, Pefki
MAPA Q5 ▪ 28430 52471 ▪ €

Piperia *(ver p. 119)* sirve platos cretenses preparados con ingredientes locales. Los visitantes pueden disfrutar de una deliciosa comida con unas espectaculares vistas de la escabrosa costa sur. Las noches de los fines de semana puede haber música en directo y baile.

2 Taverna Plateia, Myrthios

Esta taberna de pueblo atrae a mucha gente por las vistas que tiene desde su terraza al mar de Libia. Medio Creta parece que lo visita los domingos, pero es tranquilo en la semana, y hay más tiempo para disfrutar de su cocina tradicional y el relajado ambiente *(ver p. 109)*.

3 Ta Douliana, Douliana
Típica taberna rural situada en el centro del diminuto pueblo de Douliana. Sus mesas y sillas de madera ocupan una terraza cubierta de vides *(ver p. 109)*. La carta se centra en la rica comida local, como el *arni avgolemono* (cordero con salsa de limón). Los platos principales se complementan con buenos vinos y quesos de la zona. En los días fríos se enciende la chimenea.

4 Goules, Goulediana
MAPA F4 ▪ 10 km al sur de Rethymnon ▪ 28310 41001 ▪ €

En esta tradicional taberna sirven comida cretense. Lo más destacado es el cerdo asado en salsa de vino y miel.

5 Taverna Arxaia Lappa, Argyroupoli

En Argyroupoli, conocido por sus fuentes naturales y cascadas, esta taberna *(ver p. 109)* sirve cordero *lemonato* (asado con patatas y limón), platos de cerdo y pollo y generosas ensaladas, todo ello delicioso y servido por personal muy amable.

6 Tou Zisis, Misiria
Aunque Zisis ocupa un anodino edificio que puede resultar poco atractivo, ofrece algunos de los mejores platos de la zona. El cordero a la brasa merece la pena el viaje desde Rethymnon *(ver p. 109)*.

7 El Greco, Lendas
Tradicional taberna donde se muestra en la cocina los platos que se pueden elegir. También sirve platos de pescado, pulpo y carnes a la brasa servidos en una terraza sobre la playa. Se necesita reservar *(ver p. 97)*.

Cena en la terraza de El Greco

8 Taverna Androulidakis, Gonia

MAPA F3 ■ 6974 006027 ■ €

Taberna familiar, ideal para una cena veraniega. La amplia carta cuenta con platos cretenses preparados con productos cultivados en la propia casa.

9 Kalliotzina, Koutsouras

Es una taberna clásica con mesas junto al mar donde los comensales pueden elegir en la cocina entre sus platos del día o ver cómo se asa el pescado. Dos veces a la semana se puede disfrutar de música griega en directo (ver p. 119).

Mesa con vistas al mar en Kalliotzina

10 Mourelo Cretan Cuisine, Ammoudara

Este local (ver p. 97), con una brillante decoración y mesas en el exterior, sirve carne, ensaladas y marisco de calidad, y refrescantes cócteles.

TOP 10: VINOS Y BODEGAS

Bodega con diversas ofertas

1 Domaine Fantaxometocho
Esta bodega del pueblo de Skalani, cuyo dueño es Boutari, produce un excelente vino tinto con uvas *kotsifali* y *mandilaria*.

2 Domaine Paterianakis
Esta pequeña bodega hace un excelente rosado con uvas *kotsifali* y *syrah*.

3 Bodega Lyrarakis
Esta bodega de 1966 ha rescatado variedades locales casi extintas combinando uvas *vilana, vidiano* y *muscat spina*.

4 Miliarakis Metikos
Produce un vino tinto rico y fuerte con uvas *syrah* y *cabernet sauvignon,* combina mejor con carnes rojas y salsas fuertes.

5 Sitia Cooperative Sitia Blanco
Un vino fresco y seco hecho con uvas *vilana* y *thrapsathiri,* ideal para maridarlo con pescados y mariscos locales.

6 Klados White Diva
Complejo, afrutado y de acidez equilibrada, este vino tiene el aroma herbáceo de la uva cretense mejor valorada, la *vidiano*.

7 Economou Liatiko
Se produce en los viñedos de la remota meseta de Ziros, al sudeste de Creta, es complejo tinto que muestra lo mejor de las uvas nativas.

8 Miliarakis Estate PDP Tinto
Una de las bodegas más antiguas de la región de Peza que produce este rico tinto envejecido en roble hecho con uvas *kotsifali* y *mandilara*.

9 Gavalas An Rosado
La bodega Gavalas se enorgullece de sus métodos orgánicos de producción, este fresco rosado combina uvas nativas *kotsifali* con otras importadas de *cabernet sauvignon*.

10 Lyrarakis Malvasia
Este vino de postre conocido en Inglaterra como Malmsey, fue exportado a todas partes por los venecianos. Ahora revive en esta mezcla de cuatro uvas blancas secadas al sol que envejecen un año en roble.

🔟 Cafés y 'mezedopoleia'

Cenando en Ouzeri tou Terzaki, en el casco antiguo de Herakleion

① Avli tou Devkaliona, Herakleion

MAPA S1 ■ **Lysimáhou Kalokerinoú**
■ **28102 44215**

Un clásico de la noche justo detrás del Museo Histórico, con mesas en un patio junto a una fuente. Ofrece maridajes clásicos de raki, como los *volvoi* (bulbos de jacinto encurtidos) o los delicados *keftedakia* (minialbóndigas).

② Koukouvayia, La Canea

MAPA D2 ■ **Tafoi Venizelon**

Situado en una ladera cerca de la tumba de la familia Venizelos, es un lugar muy apreciado por sus postres caseros, entre los que destaca el *zoumero*, un pastel esponjoso de chocolate bañado en sirope de chocolate caliente.

③ Avli, Agios Nikolaos

MAPA N4 ■ **P Georgiou 12**
■ **28410 82479**

Esta encantadora *mezedopoleio* ocupa un patio con vides y limoneros. *Mezedes* magníficos y elaborados platos servidos con un buen vino de sus propios viñedos en los montes de Sitia.

④ Ouzeri tou Terzaki, Herakleion

Famoso entre los lugareños, Terzaki *(ver p. 96)* es uno de los *mezedopoleia* que se encuentran en el corazón de la ciudad. Comidas sustanciosas en la carta, como mejillones *saganaki*, pasta y risoto. Sin embargo, la mejor opción es tomar una copa y una selección de *mezedes*.

⑤ Kaaren's, Elounda

Se recomienda echar un vistazo a este café donde sirven deliciosos desayunos, *brunch*, almuerzos y cócteles por la noche *(ver p. 118)*.

⑥ Kirkor, Herakleion

Clásica cafetería-panadería junto a la fuente Morosini que tiene mesas por la plaza. La especialidad es *bougatsa*, un pastel de hojaldre que se puede tomar dulce –con crema–, o salado, con queso.

Tarta de queso, típica en Kirkor

También ofrece diversos cafés, lo que lo hace perfecto para desayunar, pues abre muy temprano *(ver p. 96).*

7 Agios Bar, Paleochora
Este café-bar *(ver p. 108)* es una institución desde hace más de 100 años. Famoso por sus cócteles, elaborados a base de *raki*, brandi y sus mezclas de café artesano.

8 The Bitters Bar, Herakleion
MAPA T2 ▪ Platia Venizelou
Muy apreciado por los habitantes de la ciudad, este bar nocturno ofrece cócteles originales. También abre por las mañanas para servir café.

9 New York Beach Club, Hersonissos
Con vistas a la bahía, este bar playero *(ver p. 96)* en su sosegado entorno y con gran variedad de bebidas y aperitivos, es un buen lugar de celebración.

Cena en Ta Chalkina

10 Ta Chalkina, La Canea
MAPA B5 ▪ Akti Tombazi 29-30
Uno de los pocos restaurantes del puerto viejo. Lo más destacado es la excelente comida cretense y la música acústica en directo que suena la mayoría de las noches. Quienes encuentren que está muy lleno tienen la opción de usar las mesas exteriores.

TOP 10: 'MEZEDES'

Un plato de gambas *saganaki*

1 Saganaki
Una porción de queso frito o asado, o salsa roja con base de queso, con gambas.

2 Marides
Los pequeños chanquetes se enharinan, se fríen y se acompañan con una rodaja de limón y sal.

3 Loukanika
Estas salchichas de cerdo especiadas constituyen un típico aperitivo cretense que se ofrece sobre todo durante el invierno.

4 Patatas asadas
Otro típico aperitivo invernal de las *kafeneia* de los pueblos de montaña. A menudo, se asan en estufas de leña en el centro del café.

5 Oktapodi
El pulpo preparado con aceite, hierbas y vinagre y servido frío es uno de los acompañamientos preferidos para un vaso de *raki* o *tsikoudia*. También puede probar los tentáculos a la parrilla.

6 Kalitsounia
Pequeños pasteles rellenos de queso suave desmenuzado y hierbas, algunas veces rociado con miel.

7 Askolymbroi
Cardo dorado hervido –se sirven las raíces y los brotes– que tiene una corta temporada; durante el resto del año se usa encurtido.

8 Apaki
Solomillo ahumado de cerdo, mejor de cochinillo. Fácil de hacer y servir, y cada vez más popular.

9 Omathies
Sabroso arroz con salchichas de casquería, plato local del este de Creta.

10 Melitzanosalata
Delicioso y sabroso puré preparado a base de berenjena asada con ajo y pimiento rojo picado.

🔟 Mercados y calles comerciales

Tienda en un museo arqueológico

① Tiendas de los museos
MAPA Q1

Para comprar buenas reproducciones de piezas arqueológicas cretenses hay que visitar las tiendas de los museos, como la de la antigua logia veneciana de Rethymnon, en Odos Paleologou, o el Museo Bizantino de La Canea.

② Bodega Boutari, Archanes
MAPA K4 ■ 70100 Archanes ■ 28107 31617

Los mejores vinos de Creta (y de toda Grecia) se pueden degustar y comprar en el centro de visitas de la mayor bodega de la isla, en el viñedo Fantaxometocho, a las afueras del pueblo de Skalani *(ver p. 91)*.

③ Odos Skrydlof, La Canea
MAPA B6

Esta calle del casco antiguo ha sido durante siglos sede de los zapateros y los talabarteros. Hoy abundan las carteras, sandalias y bolsos.

④ Odos Daedalou, Herakleion
MAPA T2

Esta calle peatonal está llena de tiendas de moda, y algunas cadenas importantes venden joyas y ropa.

⑤ Exposición de productos locales, Cooperativa de Granjeros de Sitia
MAPA Q4 ■ Myssonos 74 ■ Previa cita: 28430 29991

Merece la pena visitar esta cooperativa que promociona los productos de los granjeros locales, aunque sólo sea para contemplar cómo se cultiva y elabora el aceite y el vino de Creta. Venden aceite de oliva, vinos y *raki*, el licor favorito de la isla.

⑥ Mercado de La Canea, plaza Sofoclis Venizelos
MAPA B6 ■ Cerrado por renovación

Este mercado, siempre lleno de vendedores y público, es un edificio destacado en La Canea, además de una fiesta para los sentidos. Se trata del mejor lugar para comprar hierbas, aceite de oliva, frutas secas, miel y recuerdos, como *brikia*, pequeños recipientes para preparar café griego.

Muchedumbre mirando los puestos del mercado cubierto de La Canea

Mercado junto al Jardín Municipal, Rethymnon
MAPA F3

Todos los jueves de 7.00 a 13.00 se celebra un mercado al aire libre en un aparcamiento. Hay comida, flores y ropa. También hay un mercado más pequeño los sábados por la mañana al lado de la estación de autobuses.

8 Odos 1866, Herakleion
MAPA T2-3

La principal calle comercial de Herakleion es un lugar estupendo donde comprar hierbas e infusiones locales, además de productos de alimentación relacionados con el olivo y hasta caracoles vivos

Tostadores de café en la calle Odos 1866

Odos Souliou, Rethymnon
MAPA Q1-2

Esta elegante calle comercial de Rethymnon está repleta de tiendas con copias de cerámica minoica y cretense tradicional, tejidos de hilo y algodón, encajes y bordados.

Odos Ethnikis Andistasis, Rethymnon
MAPA Q2

Uno de los mercados más bonitos de Creta está formado desde hace siglos por una hilera de tiendas y puestos que se extiende a lo largo de Odos Ethnikis Andistasi y en torno a la veneciana Porta Guora. Se recomienda acudir temprano, cuando está en pleno apogeo y los camareros van de un puesto a otro con café.

TOP 10: TIENDAS TRADICIONALES

1 Kahraman, La Canea
Kondilaki St, casco antiguo
Artesano tradicional que vende todo tipo de rosarios.

2 Domaine Economou, Sitia
Vino tinto *(ver p. 117)* hecho con la uva autóctona liatiko.

3 O Armenis, La Canea
Sifaka 14
Los mejores cuchillos, con mangos de madera, hueso o cuerno a medida.

4 Taller de iconos Ioannis Petrakis, Elounda
Maravillosos iconos *(ver p. 117)* en el estilo de la famosa escuela de Creta.

5 Cooperativa Vinícola de Sitia
Sitia km 1, Autopista Sitia-Agios Nikolaos (E75)
Vino y aceite de oliva producido por vinateros y agricultores.

6 Vardaxis, Rethymnon
Panou Koronaiou 31, casco antiguo
Excelente cerámica, incluidos platos, boles, objetos de arte y baldosas.

7 Tienda del Museo Arqueológico, La Canea
Skra 15, Chalepa
Réplicas de joyería, escultura y cerámica tanto helenística como minoica.

8 Liranthos, Rethymnon
Arkadiou 66
Instrumentos musicales cretenses.

9 Tiendas Pueblo Cretense, Arolithos
Servili Tilissou
Tejidos, bordados y cerámica obra de artesanos locales.

10 Nikos Siragas, Rethymnon
Petalioti 2, casco antiguo
Cuencos, jarrones y otros trabajos a cargo de un tornero en madera.

Madera en Nikos Siragas

ᵀᴼᴾ10 **Creta gratis**

① Kerasma

En Creta cuando uno come en una taberna tradicional a menudo le ofrecen un *kerasma* (postre de cortesía). Suele ser *halva*, *kormos* (pan de chocolate), fruta fresca o yogur con miel, también al final de la comida se sirve un vaso de *raki* (un potente licor). Son gentilezas de la casa como muestra de la hospitalidad cretense. Sin embargo esta costumbre no es tan frecuente cuando se va a sitios baratos o tabernas para turistas.

② Puestas de sol de la playa de Falasarna

Pocas experiencias pueden superar a la de ver una puesta de sol sobre el mar al final de un caluroso día de verano, ya sea tumbado en la playa o sentado en un café junto al agua. Por las tardes baja el calor y el cielo adquiere tonos anaranjados, rosados y violetas. Puro romanticismo.

③ Agua potable

En Creta el agua del grifo se puede beber. En todos los restaurantes, bares y tabernas sirven jarras de agua en las mesas sin cargo. En la ruta senderista de Samaria hay abundantes fuentes de agua fresca.

④ Playas

Si lleva su toalla y se tumba en la arena las playas son gratis. Solo se paga si alquila una tumbona con sombrilla. Para las playas con piedras le puede ser útil comprar una esterilla.

Aguas color turquesa en Elafonisi

Museo Arqueológico de Rhetymnon

⑤ Museos y yacimientos arqueológicos

La mayoría de los museos y sitios arqueológicos son gratuitos el día 6 de marzo (en memoria de Melina Mercouri), el 18 abril (Día Internacional de los Monumentos), el 18 de mayo (Día Internacional de los Museos), el 28 de octubre (Día del No) y el primer domingo de cada mes (nov-mar).

⑥ Iglesias

Los interiores de las iglesias ortodoxas griegas son oscuros, con velas e incienso. Escuche en una misa cómo el sacerdote canta los textos sagrados. Hay que llevar rodillas y hombros cubiertos.

La luna llena de agosto

⑦ Durante la noche de la luna llena de agosto el Ministerio de Cultura griego permite la entrada gratuita a todos los principales yacimientos arqueológicos que permanecen abiertos hasta la medianoche, incluso algunos hasta la 1.00. También hay escenarios con actuaciones. En Creta lo hacen en Festos, Gortina y Malia.

Rutas de senderismo

⑧ Muchas de las rutas de senderismo cobran una pequeña entrada, como la garganta de Samaria (el dinero se dedica al mantenimiento). Otras, como la ruta E4, son gratuitas. En algunas hay bancos y mesas para hacer pícnic.

Senderismo en la garganta de Samaria

Día de la Música Europea

⑨ www.europeanmusicday.gr

Del 21 al 22 de junio, durante el solsticio de verano y el día más largo del año, se celebra el Día Europeo de la Música con conciertos al aire libre en varias ciudades griegas, como las de La Canea y Agios Nikolaos en Creta.

Mercados al aire libre

⑩ Todas las grandes ciudades tienen su mercado al aire libre o *laiki agora*, con sus puestos de frutas, hortalizas de temporada cultivadas en la zona y productos para el hogar. Creta suministra productos frescos a gran parte de Grecia.

TOP 10: CONSEJOS PARA AHORRAR

1 Evite la temporada alta, que va desde principios de julio hasta principios de septiembre, cuando los precios se disparan.

2 Busque vuelos baratos entre mayo y junio o de septiembre a octubre. Las aerolíneas de bajo coste siguen operando y la isla está maravillosamente tranquila.

3 La mayoría de los museos y yacimientos arqueológicos tienen descuentos para niños, estudiantes con carnet y mayores de 65.

4 En algunos B&B y hoteles ofrecen descuentos cuando reserva una semana o más tiempo.

5 El camping es una alternativa económica y hay diferentes campings en la isla. La campada libre es ilegal y las multas son cuantiosas.

6 Para explorar la isla en coche, es buena idea idea alquilar en un sitio para entregar en otro: las compañías ya no cobran recargo por esta modalidad.

7 Cuando coma fuera puede pedir solo primeros platos *(mezedes)* que son más baratos, y a menudo más interesantes que los platos principales.

8 Desayunar *bougatsa* rellena de queso o crema pastelera. Los lugareños recomiendan hacerlo en Kirkor *(ver pp. 76-77)*.

9 Los omnipresentes *souvlaki* y *gyros* representan una comida sabrosa y nutritiva para llevar. En las grandes ciudades o centros turísticos sale más barato que una cena sentado en una mesa.

10 En las tabernas puede beber vino de barril servido en jarras en lugar del embotellado, mucho más caro.

Cena asequible en una taberna

⁜10 Festivales y acontecimientos

Sacerdotes griegos ortodoxos rezando en una misa de Semana Santa

① Epifanía
Toda la isla ■ 6 ene

En el calendario griego, la Epifanía pone fin a los 12 días de reinado de los espíritus traviesos que andan sueltos durante la Navidad. Los ritos hacen desaparecer a estos espíritus hasta el año siguiente. Los curas y monjes bendicen pilas bautismales, arroyos y pozos. Los jóvenes se tiran al agua para recuperar un crucifijo lanzado por el cura.

Zambulléndose en la Epifanía

② Día de la Independencia y la Anunciación
Toda la isla ■ 25 mar

Esta fiesta nacional recuerda el comienzo de la última batalla por la independencia griega en 1821. En el mismo día se celebra también la Anunciación, por lo que las procesiones religiosas van seguidas de desfiles militares.

③ Semana Santa
Toda la isla ■ Mar-abr

Ésta es la festividad más importante del año griego. Se trata de un evento familiar. Los cretenses se reúnen en sus hogares para beber y comer; el menú habitual es la cabra asada o cordero. Las calles son tomadas por las procesiones y la celebración continúa con fuegos artificiales. En muchas ciudades y pueblos, la Semana Santa termina con la quema de una efigie de Judas Iscariote.

④ San Jorge
MAPA F3 ■ Asi Gonia ■ 23 abr

Cientos de pastores llevan sus ovejas cada año a la iglesia de San Jorge en el pueblo de Asi Gonia, cerca de Rethymnon. Piden a su santo patrón bendiciones para que su rebaño esté sano y tener un temporada próspera. A cambio los pastores distribuyen leche gratis.

⑤ Festival del Mediterráneo
MAPA Q4 ■ Sitia ■ Finales jun/ principios jul

Este festival establecido en el 2013 ofrece músicas del mundo y jazz en tres días y noches de conciertos gratuitos y puestos donde se vende artesanía y comida local. El escenario se encuentra en la zona peatonal de Papies.

Festival de Verano de Herakleion

MAPA K3 ▪ Herakleion ▪ Principios jul a principios sep

Diversos conciertos, obras de teatro y representaciones de danza en diversos escenarios de la ciudad, incluyendo plazas y edificios del casco antiguo.

 Asunción de la Virgen María

Toda la isla ▪ 14 y 15 ago

La Asunción de la Virgen María (*Kimisi tis Panayias*), solo superada en importancia por la Semana Santa, es una celebración menos familiar y más pública. Tras las procesiones religiosas, se come y se bebe al aire libre en la plaza del pueblo, y se baila hasta altas horas de la noche.

 Festival de Agios Titos

MAPA K3 ▪ Herakleion ▪ 25 ago

La principal fiesta del día del patrón de Creta tiene lugar en Herakleion, donde se pasean iconos y reliquias en procesión por las calles. San Tito también se celebra con misas y otros eventos en las iglesias de toda la isla.

 **Fiesta de la Castaña**

MAPA B3 ▪ Elos ▪ Finales oct-principios nov

La recogida de la castaña se celebra con entusiasmo en Elos, al sur de Creta. Lugareños y visitantes disfrutan de música, baile y platos basados en las castañas.

10 Arkadiou

MAPA B3 ▪ Moni Arkadiou ▪ 7-9 nov

Patriótico encuentro para rememorar a los combatientes del levantamiento de 1866 y los defensores de Moni Arkadiou, que prefirieron morir antes que rendirse a las tropas otomanas (*ver pp. 36-37*).

Busto del abad Gabriel de Moni Arkadiou

TOP 10: SANTOS

Mosaico moderno de san Pablo

1 Agios Pavlos (san Pablo)
La capilla de Agios Pavlos, situada entre Agia Roumeli y Loutro; su llegada bíblica fue en la costa sur, en Kali Limenes.

2 Agios Nikolaos (san Nicolás)
El patrón de los marineros y pescadores es venerado por todo el litoral de Creta.

3 Agios Titos (san Tito)
Seguidor de san Pablo, fue ordenado como primer obispo de Creta.

4 O Taxiarchis Michael (san Miguel)
El comandante (*taxiarchis*) de la corte celestial es especialmente venerado por los cretenses.

5 Agios Georgios (san Jorge)
San Jorge es doblemente popular por ser el patrón de los pastores y un santo guerrero.

6 Agios Efstathios (san Eustaquio)
San Eustaquio es muy querido en el suroeste de Creta, donde muchas capillas y niños llevan su nombre.

7 Agios Ioannis Theologos (san Juan Evangelista)
San Juan escribió el *Libro de las revelaciones* en la isla de Patmos, pero también es venerado en Creta.

8 Profitis Ilias (profeta Elías)
Se cree que muchas de las capillas consagradas a este profeta pudieron estar dedicadas a Helios, el dios del sol.

9 Agioi Deka (diez santos)
Los 10 mártires cretenses muertos por su fe a manos de los romanos son recordados en una iglesia cercana a Gortina que lleva su nombre.

10 Agios Ioannis Prodromos (san Juan Bautista)
San Juan a menudo es representado por el arte ortodoxo llevando una piel de oveja y con el cabello despeinado, simbolizando cuando vivía en la naturaleza junto al río Jordán.

TOP10 Islas y recorridos en barco

Senderismo en Imeri Gramvousa

① Imeri Gramvousa
MAPA B1

Esta hermosa isla situada junto a la península de Gramvousa la corona un imponente castillo en ruinas. Hay un barco diario desde Kissamos en temporada, así como excursiones de agencias desde La Canea.

② Elafonisi
MAPA A4

Esta diminuta isla de Elafonisi, de aspecto tropical y muy cercana a la costa cretense, está bordeada por una playa de arena y un mar azul intenso. De mayo a septiembre, hay barcos que cubren a diario el trayecto de una hora desde Paleochora *(ver p. 63)*.

③ Gavdos
MAPA D6

En el punto más meridional de Creta, los turistas son recibidos por sencillas pensiones, tabernas y playas. En verano, zarpan barcos desde Agia Roumeli, Paleochora, Sougia y Chora Sfakion, el trayecto dura entre 3 y 4 horas. Se puede consultar los horarios en www.anendyk.gr.

④ Paleochora-Agia Roumeli
MAPA B-C4

Un barco que parte de Paleochora rodea la costa sur, haciendo escala en el tranquilo balneario de Sougia antes de continuar hasta Agia Roumeli, un pueblo situado al pie de la garganta de Samaria.

⑤ Agia Roumeli-Chora Sfakion
MAPA C-D4

Después de recorrer la garganta de Samaria, se puede continuar por la costa subiendo a uno de los barcos que zarpan a diario. Todos confluyen en el puerto de Chora Sfakion.

⑥ Chrysi

El nombre de Chrysi (dorada) se debe a sus playas de arena, pero en la zona se la conoce como Gaidouronisi (isla del Burro) por la costumbre cretense de abandonar a los burros viejos en islas deshabitadas. En verano, está comunicada a diario por barco con Ierapetra; cada trayecto dura 45 minutos *(ver p. 116)*.

Playa de Elafonisi con su sorprendente arena rosa

7 Dia
MAPA L3

La deshabitada Dia es perfecta para nadar, navegar y pescar. Se puede visitar en una jornada desde Herakleion o Hersonissos.

8 Koufonisi
MAPA Q6

Sus senderos y playas de arena atraen a las embarcaciones de Makrygialos. Los restos de un anfiteatro recuerdan la época en que la isla se enriqueció con el comercio del Murex, un molusco del que se obtenía el tinte morado real.

Veleros anclados en Koufonisi

9 Spinalonga

A la entrada del golfo de Mirabello está Spinalonga, con fortificaciones venecianas. En verano llegan barcos de Plaka, Elounda y Agios Nikolaos; los trayectos duran 5, 20 y 35 minutos respectivamente (ver pp. 34-35).

10 Andikythira

Si se busca tranquilidad, esta remota isla entre Creta y la Grecia continental es una escala ideal. De julio y septiembre dos ferris semanales navegan desde Kissamos a Andikythira, y Kythira y Gythio, en el continente.

TOP 10: ACTIVIDADES ACUÁTICAS

Windsurf, un deporte popular

1 Windsurf
Es fácil encontrar tablas de alquiler. Las mejores playas son las de Falasarna, Hersonissos, Malia y Sitia.

2 Snorkel
Las aguas de Creta, cristalinas y llenas de peces, son ideales para esta práctica.

3 Paseos en banana
En Malia y Hersonissos, estas populares bananas hinchables son arrastradas a gran velocidad.

4 Paseos en neumático
Igual de popular es esta especie de flotador para una sola persona.

5 Catamaranes
Se pueden alquilar por horas o días en la mayoría de los complejos turísticos. Se imparten clases para los principiantes.

6 Yates
Los yates se pueden alquilar sin capitán ni tripulación, con tripulación completa o solo con capitán.

7 Submarinismo con botella
Está prohibido descender a yacimientos arqueológicos y barcos antiguos, pero hay buenas inmersiones a pecios de la II Guerra Mundial

8 Esquí acuático
El esquí acuático se ofrece en casi todos los centros vacacionales grandes.

9 Parques acuáticos
El Acqua Plus Water Park, cerca de Hersonissos, tiene toboganes y piscinas de olas. Hay parques acuáticos más pequeños cerca de Herakleion (Watercity) y La Canea (Limnoupolis).

10 Barranquismo
Kourtaliotiko en Rethymnon es buen destino para hacer barranquismo. Creta tiene cañones verticales en varias gargantas.

Recorridos por Creta

Casas encaladas en torno al
resguardado puerto de Loutro

TOP 10 Centro de Creta

En el centro de Creta se encuentran playas, onduladas tierras de labranza y agrestes montañas, entre las que sobresale el monte Ida o Psiloritis. Aquí surgió la civilización minoica, cuyas ruinas más importantes se concentran al sur de la capital de la isla, Herakleion. En la costa norte se sitúan centros turísticos, mientras que en la costa sur se pueden encontrar lugares más tranquilos para disfrutar de unas vacaciones.

Barcos en el puerto de Herakleion

CENTRO DE CRETA

1 Herakleion

La capital de Creta sufrió grandes daños durante la II Guerra Mundial, por lo que, a pesar de ser reconstruida, son pocos los antiguos edificios venecianos que se conservan. Aun así, la fortaleza, el puerto, el arsenal y las murallas venecianas siguen resultando impresionantes El principal y más popular atractivo de la ciudad es el fascinante Museo Arqueológico de Herakleion *(ver pp. 18-19).*

2 Festos

Este laberinto de ruinas, que data más o menos del año 1600 a. C., comprende un patio y un teatro con asientos de piedra minoicos, una gran escalera, un peristilo y un amplio patio central. El disco de Festos, descubierto aquí y aún sin descifrar, se exhibe en el Museo Arqueológico de Herakleion *(ver pp. 18-19).* Festos fue

Ruinas del antiguo yacimiento de Festos

destruido hacia el 1450 a. C. por el cataclismo que derrumbó los demás palacios minoicos de Creta. Este yacimiento suele estar menos abarrotado que el de Knossos y disfruta de una magnífica ubicación en una colina, sobre una fértil zona agrícola *(ver pp. 24-25).*

Imprescindible
ver p. 89-91

Restaurantes
ver p. 97

Bares y cafés
ver p. 96

Y además…
ver p. 92

Playas
ver p. 93

Actividades al aire libre
ver p. 94

Bodegas
ver p. 95

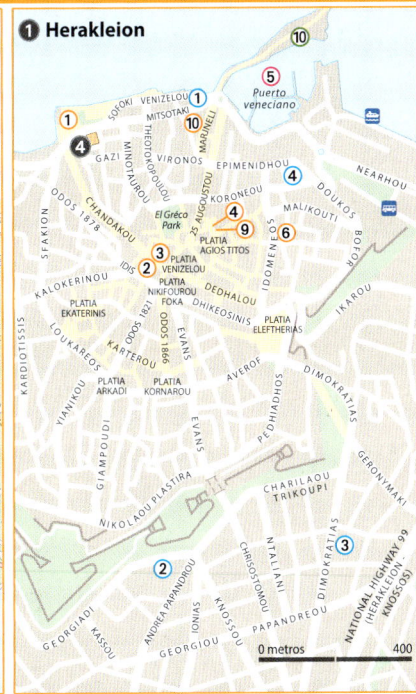

Alegre fresco del palacio de Knossos

3 Knossos

A finales del siglo XIX, el estudioso alemán Heinrich Schliemann señaló la existencia en Knossos de un importante yacimiento arqueológico, que empezó a ser desenterrado en el año 1900 bajo la dirección del británico sir Arthur Evans. Las columnas, patios y frescos de este antiguo palacio minoico resultan fascinantes. Knossos desapareció tras la terrible erupción volcánica que destruyó la civilización minoica. Este yacimiento constituye hoy uno de los vestigios más impresionantes de esta cultura perdida en los tiempos *(ver pp. 12-15)*.

4 Museo Histórico de Creta

MAPA S1 ▪ Sofokli Venizelou 27, Herakleion ▪ Horario: 9.00-17.00 lu-sá ▪ Se cobra entrada ▪ www.historical-museum.gr

En este museo las obras abarcan los siglos transcurridos entre la época bizantina y la II Guerra Mundial, e incluyen monumentos venecianos, frescos de iglesias ortodoxas, trajes tradicionales populares y dos pinturas del Greco.

5 Agia Triada

MAPA H5 ▪ 3 km al oeste de Festos ▪ 28920 91564; consultar el horario previamente ▪ Se cobra entrada

Agia Triada, desenterrada a principios del siglo XX, es menor que otros yacimientos, como Knossos y Festos. Se cree que fue una villa aristocrática o un palacio real de verano. Algunas de las mejores piezas de cerámica minoica que se conservan se descubrieron aquí y hoy se exponen en el Museo Arqueológico de Herakleion. El número de visitantes es inferior al de los yacimientos mayores, lo que permite recorrerlo tranquilamente.

6 CretAquarium

MAPA K3 ▪ Herakleion ▪ Horario: nov-mar: 9.30-16.00 todos los días; abr-oct: 9.30-19.00 todos los días ▪ Se cobra entrada ▪ www.cretaquarium.gr

Situado a solo 10 minutos en coche del aeropuerto, alberga unos 2.500 animales marinos que representan a 200 especies del Mediterráneo.

Basílica de San Tito, Gortina

7 Gortina

Este yacimiento poco visitado tiene columnas romanas, una basílica bizantina en ruinas, fortificaciones y restos de templos. Habitada desde la época minoica, Gortina fue una de las poblaciones más importantes de la Creta doria. Después, como capital provincial romana, fue una de las ciudades más prósperas de la isla hasta que los árabes la saquearon en el siglo VIII *(ver pp. 28-29)*.

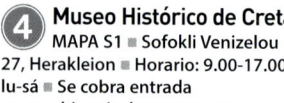

EL ENIGMA DE KNOSSOS

La mayoría de los arqueólogos cree que las laberínticas ruinas de Knossos pertenecieron a un palacio real, donde se encontraba el centro del mayor imperio conocido en las islas del Egeo. Pero algunos estudiosos disienten y afirman que Knossos pudo haber sido una gigantesca necrópolis donde se enterraba a los reyes y nobles.

⑧ Museo Kazantzakis

MAPA L4 ■ **Plaza de Myrtia 9**
■ **Horario: abr-oct: 9.00-17.00 todos los días; nov-mar: 10.00-15.00 lu-vi y do** ■ Se cobra entrada
■ **www.kazantzaki.gr**

El escritor cretense Nikos Kazantzakis (1883-1957) es conocido fuera de Grecia, sobre todo, por su novela *Alexis Zorbas*. Basada en esta obra, se rodó, en 1964, la película *Zorba el griego*. El abierto humanismo de Kazantzakis le convirtió en un hereje a los ojos de la iglesia ortodoxa. Su pueblo natal, Myrtia, acoge un pequeño museo.

Exposición del Museo Kazantzakis

⑨ Monte Ida

MAPA H4

El monte Ida (2.456 m), también llamado monte Psiloritis *(ver p. 33)*, es la cumbre más alta de Creta. Desde la meseta de Nida, a la que se accede en coche, cualquier montañero en forma y bien calzado pueden emprender el camino de subida (se tarda de 7 a 8 horas ida y vuelta).

⑩ Bodega Boutari y espectáculo audiovisual

MAPA K4 ■ **Horario: 9.00-17.00 lu-vi, previa cita fin de semana (nov-mar: 8.30-16.30)** ■ Se cobra entrada ■ **www.boutari.gr**

Boutari, uno de los principales vitivinicultores de Grecia, ha abierto al turismo las puertas de su bodega Fantaxometochi y cerca de Archanes. Aquí se ofrece un vanguardista espectáculo audiovisual que está dedicado a la isla y a los viñedos y variedades de uva con los que se producen algunos de sus premiados vinos. En la tienda, se pueden catar y comprar los caldos de la casa.

UNA MAÑANA EN HERAKLEION

▶ Comience en el ornado arco de **Porta Kenouria**, antiguamente la entrada principal de la ciudad amurallada -Herakleion fue fortificada por los venecianos para defenderla contra los turcos otomanos. Pasee por la puerta y baje por la calle Evans hasta llegar a **Platia Kornarou**, con su edificio de piedra de seis caras, originalmente un surtidor, ahora un café. Junto a él, la **fuente veneciana de Bembo** incorpora una torso de mármol sin cabeza de una estatua romana.

Diríjase al norte de la fuente por el **Odos 1866** *(ver p. 79)* que alberga el mercado diario de Herakleion y tiene puestos de fruta, aceitunas y nueces. Cruce por Plateia Nikiforou Foka hasta Plateia Venizelou, llena de cafés cuyo centro es la **fuente de Morisini** del siglo XVII *(ver p. 16)*, con cuatro leones sujetando la pileta principal. Salga de la plaza por la calle 25 Augoustou, pase por la imponente **Logia** (ayuntamiento veneciano), después gire a la derecha para encontrarse con **Agios Titos** *(ver p. 17)*. Originalmente bizantina, esta iglesia fue reconstruida por los venecianos, fue convertida en mezquita bajo los otomanos, y después la reclamó la iglesia ortodoxa en 1925.

Continúe por 25 Augoustou hasta el frente marítimo y camine por la calzada hasta la **fortaleza veneciana** *(ver p. 16)*. Después de explorar el casco antiguo, puede dar un paseo por el paseo marítimo hacia el oeste y ver el **Museo Histórico**, o hacia el este de la ciudad y visitar el excelente **Museo Arqueológico de Herakleion** *(ver pp. 18-19)*.

Ver mapa en pp. 88-89

Y además...

① Museo de Etnología Cretense, Vori

MAPA H5

Uno de los primeros museos dedicados a la vida cotidiana de los isleños *(ver p. 51)*.

② Palacio de Malia

MAPA M4

Este palacio minoico en ruinas, situado 3 km hacia el este desde Malia, poseyó fantásticos tesoros *(ver p. 42)*.

Restos del palacio de Malia

③ Monte Giouchtas

MAPA K4

El monte Giouchtas, al sur de Archanes, es el mítico lugar de enterramiento del dios Zeus. En él se pueden contemplar los restos de un santuario minoico. Este entorno ha sido declarado zona protegida para preservar las águilas, buitres y demás aves rapaces.

④ Villa minoica, Tylissos

MAPA J4 ■ 28108 31372; consultar el horario previamente ■ Se cobra entrada

Tylissos estuvo habitado hace más de 4.000 años. Los descubrimientos más interesantes son los restos de tres grandes casas minoicas.

⑤ Museo Arqueológico de Archanes

MAPA K4 ■ 28107 52712 ■ Horario: 8.30-15.30 mi-lu ■ Se cobra entrada

La pequeña ciudad agrícola de Archanes acoge un museo muy interesante, en el que se exhiben piezas encontradas en yacimientos cercanos, como ataúdes de barro minoicos, fragmentos de cerámica y una daga ritual tal vez utilizada en sacrificios humanos.

⑥ Iglesia de Archangelos Michail, Asomatos

MAPA K4

El arcángel san Miguel, caudillo de las legiones celestiales, recibe en griego el sobrenombre de O Taxiarchis (El General). En los frescos de la bonita iglesia del siglo XIV de Asomatos, se le representa con armadura y espada en mano junto a otros santos.

⑦ Monasterio de Koudouma

MAPA K6 ■ Horario: de sol a sol todos los días ■ Se aceptan donativos

Los monjes de Koudouma disfrutan de la soledad en su pequeño monasterio junto a una playa a la que se llega desde el pueblo de Sternes.

⑧ Villa minoica, Vathypetrou

MAPA K4 ■ 28107 52712 ■ Horario: abr-oct: 8.00-15.00 ma-do; nov-mar: previa cita

Vathypetrou fue seguramente el hogar de un terrateniente minoico. Los útiles para elaborar vino hallados en el yacimiento evidencian que los viñedos tienen miles de años.

⑨ Monte Kofinas

MAPA K6

Este monte ofrece una ascensión agradable desde el pueblo de Kapetaniana. Tiene estupendas vistas del monte Ida *(ver p. 65)* y la costa sur.

⑩ Fortaleza veneciana (Koules) de Herakleion

MAPA U1 ■ Antiguo puerto ■ Horario: 8.30-19.00 todos los días (nov-mar hasta 15.00) ■ Se cobra entrada

Esta fortaleza del siglo XVI que protegía el puerto es conocida como Koules. Reabrió en 2016 tras una restauración. Desde las azoteas hay magníficas vistas *(ver p. 16)*.

Ver mapa en pp. 88-89

Playas

1 Malia
MAPA M4

A la altura de Malia, la carretera de la costa está bordeada por bares, clubes, tiendas, hoteles y apartamentos. Su estupenda playa de arena se llena de tumbonas y sombrillas de principios de verano a septiembre.

2 Hersonissos
MAPA M3

Este centro turístico lleva camino de extenderse y unirse con sus vecinos Stalida y Malia. En su playa del este hay una excelente variedad de bares y restaurantes de diferentes nacionalidades.

3 Matala
MAPA G6

En la década de 1960, su amplia bahía y sus playas de arena gruesa y guijarros atraían a *hippies* en busca de sol, incluida Joni Mitchell que escribió aquí la canción *Carey*. Y en la década de 1980 Matala se convirtió en un pequeño centro vacacional.

4 Bali
MAPA H3

Pequeño centro turístico situado alrededor de tres calas resguardadas por acantilados.

5 Agia Galini
MAPA G5

Pueblo pesquero transformado en localidad turística. Ocupa una bahía donde un río desemboca en el mar. La playa está muy alejada del pueblo.

6 Dytikos (Lendas)
MAPA J6

Dykitos, una de las mayores playas en el centro de la costa sur, es popular entre los naturistas.

7 Kato Gouves
MAPA L3

Esta larga playa de arena y guijarros es una de las mejores entre las más cercanas a Herakleion.

8 Kaloi Limenes
MAPA H6

Acoge varias playas y calas pequeñas relativamente recónditas y tranquilas entre increíbles acantilados, aunque la planta petrolífera estropea el paisaje.

9 Herakleion
MAPA K3

En la capital se puede acceder, por un módico precio, a la playa municipal de Amnisos, que abre de 9.00 a 19.00.

10 Panormos
MAPA G3

Panormos es uno de los destinos menos explotados turísticamente del centro de la costa norte. Posee una pequeña playa de arena junto a un diminuto puerto de pesca, así como varios locales para comer y beber.

Nadadores en la aguas color turquesa cerca de Agia Galini

Actividades al aire libre

Interior de la cueva Dictea

① Senderismo en Creta
MAPA M4 ▪ Malia
▪ www.hiking-crete.com

Estas excursiones de medio día llevan hasta el interior profundo de Creta para explorar la garganta de Roza, la meseta del Katharo o la ruta minoica, que termina en la cueva Dictea.

② Ciclismo en Creta
MAPA M4 ▪ Analipsi, Hersonissos ▪ www.cyclingcreta.gr

Esta empresa ofrece visitas guiadas para grupos pequeños en bicicleta de montaña con diferentes niveles de dificultad. También ofrecen la recogida y la vuelta gratis a Herakleion, Gouves, Stalida y Hersonissos.

③ Divertirse en Creta
MAPA K3 ▪ Herakleion
▪ www.enjoy-crete.com

Organizan salidas al mar de un día en kayak, o de varios días en kayaks individuales o dobles con instructor. También ofrecen excursiones de senderismo para todos los niveles.

④ Scubakreta
MAPA M3 ▪ Hersonissos
▪ www.scubakreta.com

Ofrecen cursos de buceo y están bien equipados (PADI). Organizan salidas en barco e inmersiones a la orilla del mar desde su centro en Hersonissos.

⑤ Viajes en barco en Creta
MAPA T1 ▪ Puerto veneciano, Herakleion ▪ www.sailingtrips.gr

Para hacer una excursión de medio día a bordo de un elegante velero (máximo 8 personas). El barco sale dos veces al día desde Herakleion hasta el islote de Dia *(ver p. 85)*. Da tiempo para bucear, pescar y comer.

⑥ Eurodiving
MAPA K3 ▪ Playa de Ligaria, Agia Pelagia ▪ www.eurodiving.net

Cursos de buceo (PADI) para todos los niveles, y también ofrecen excursiones para bucear y alquiler de equipo. Cerca de este lugar podemos encontrar unos 25 sitios de buceo, incluidas cuevas submarinas y arrecifes.

⑦ Centro de buceo Heraklion
MAPA K3/L3 ▪ Efodou 25, Herakleion/Hersonissos ▪ www.heraklion-diving.com

Los instructores son profesionales y entusiastas, hay clases para todos los niveles, y excursiones guiadas de buceo. Se visitan sitios como un avión alemán hundido y el arrecife de las Ánforas, ambos cerca de Hersonissos.

⑧ Tour verde
MAPA H4 ▪ www.greentour.gr

"Creta desde arriba" es una ruta guiada de un día a pie por el Monte Ida *(ver p. 91)* y uno de los dos itinerarios de un día que ofrece esta empresa.

⑨ The Hub MTB Adventures
MAPA M4 ▪ Malia ▪ www.mtbhub.gr

Si se quiere alejar de las multitudes e internarse en la Creta rural, esta empresa organiza excursiones en bicicleta de montaña. Tiene más de una docena de rutas de campo.

⑩ Stay Wet Diving
MAPA K3 ▪ Mononaftis beach, Agia Pelagia ▪ www.staywet.gr

La gran ventaja de este operador de buceo afiliado al PADI son las facilidades para bucear en la playa.

Bodegas

① Douloufakis

MAPA J4 ■ **Dafnes, 18 km al sur de Herakleion** ■ **www.douloufakis.wine**

Situada en medio de exuberantes viñedos y campos de olivos, Douloufakis fue fundada en 1930. Son acogedores y expertos, y realizan visitas guiadas para degustar sus galardonados vinos.

② Zacharioudakis

MAPA J5 ■ **Plouti, 48 km al suroeste de Herakleion** ■ **www.zacharioudakis.com**

Esta moderna bodega en lo alto de una colina cercana a Gortina y la costa sur, que especialmente diseñada, produce vinos ecológicos. Se puede visitar y hacer degustaciones.

Cata de vinos en Boutari

③ Boutari

La visita a las bodegas Boutari (ver p. 91) incluye los viñedos. Después los visitantes pueden ver un cortometraje sobre la elaboración del vino y disfrutar de una degustación.

④ Daskalakis

MAPA J4 ■ **Siva Palianis, 17 km al sur de Herakleion** ■ **www.silvawines.gr**

Situado cerca de Dafnes, este negocio familiar lleva abierto desde 1890. Todos sus vinos son ecológicos y están certificados. Su *sauvignon* blanco es excepcional.

⑤ Idaia

MAPA J4 ■ **Veneraton, 18 km al sur de Herakleion** ■ **www.idaiawine.gr**

A esta bodega le preocupa más la calidad que la cantidad. Un ejemplo es su galardonado vino tinto Ocean, su blanco extra seco Vidiano, o su rosado de uva de garnacha roja.

⑥ Lyrarakis

MAPA L4 ■ **Alagni, 18 km al sur de Herakleion** ■ **www.lyrarakis.com**

Esta bodega abierta en 1966 está acreditada por haber hecho renacer las dos variedades antiguas de uvas blancas Daphni y Plyto. Ofrecen visitas informativas y degustaciones.

⑦ Paterianakis

MAPA L4 ■ **Alagni, 18 km al sur de Herakleion** ■ **www.paterianakis.gr**

La sala donde se hacen las degustaciones está en la cima de una colina y ofrece unas espectaculares vistas. El orgullo de esta acogedora bodega es tener una línea de productos completamente ecológicos.

⑧ Minos Miliarakis

MAPA L4 ■ **Peza, 17 km al sur de Herakleion** ■ **www.minoswines.gr**

Esta bodega lleva funcionando de la misma manera desde 1932. Tiene una gran capacidad, y elabora vinos con una amplia variedad de uvas autóctonas e importadas. La visita incluye un pequeño museo y acceso a las instalaciones donde se hacen las degustaciones.

⑨ Stilianou

MAPA L4 ■ **Kounavi, 12 km al sur de Herakleion** ■ **www.stilianouwines.gr**

Los viñedos de esta bodega están en la montaña. Tiene una producción limitada de vinos ecológicos que se venden en botellas numeradas.

⑩ Strataridakis

MAPA L5 ■ **Arkalochori, 33 km al sureste de Herakleion** ■ **www.strataridakis.gr**

Esta bodega abierta desde 1955 está dirigida por dos hermanos. Tienen una producción que se limita a ocho etiquetas de distintos vinos.

Ver mapa en pp. 88-89 ➜

Bares y cafés

Mesas y la fuente del café Mare Heraklion Riviera, de Herakleion

① Mare Heraklion Riviera, Herakleion

MAPA S1 ▪ Sofokli Venizelou
▪ 2810 241946

Ubicado en el paseo marítimo, sirve café y aperitivos ligeros durante el día y cócteles por la noche. Desde la terraza se ve la puesta del sol.

② The Bitters Bar, Herakleion

MAPA T2 ▪ Stoa Platia Liontarion 25

Este bar que se encuentra cerca de la fuente Morosini, sirve café por las mañanas, además de una amplia gama de cócteles.

③ Kirkor, Herakleion

MAPA T1 ▪ Plaza Liontara

Comience el día con un desayuno al estilo cretense con café y *bougasta* relleno de crema mientras disfruta de las vistas *(ver pp. 76-77).*

④ Pagopoieion, Herakleion

MAPA T2 ▪ Platia Agios Titos
▪ 2810 221294

Este bistrot situado en una antigua fábrica de hielo acoge ocasionalmente espectáculos de música en el maravilloso espacio de arriba.

⑤ New York Beach Club, Hersonissos

MAPA M3 ▪ 28970 23415

En una playa cercana al puerto, durante el día ofrece desayunos; al anochecer se convierte en bar musical *(ver p. 77).*

⑥ Xalavro Open Bar, Herakleion

MAPA T2 ▪ Milatou 10 ▪ 69456 99292

Este bar-restaurante de estilo clásico sirve cócteles creativos y cocina local con productos frescos.

⑦ Almyra Seaside, Agia Pelagia

MAPA K3 ▪ En la playa ▪ 28108 11388

Este bar restaurante de playa con tumbonas y sombrillas para alquilar, sirve comida mediterránea y cócteles.

⑧ Port Side Bistro, Matala

MAPA G6 ▪ En la playa ▪ 694 5983 886

Port Side Bistro es un café bar sobre la playa que sirve aperitivos y copas. A menudo tiene DJ los viernes por la noche.

⑨ Dish Bar, Herakleion

MAPA T2 ▪ Papagiamali 3
▪ 28102 227118

Se encuentra junto al edificio neoclásico de Agios Titos y ofrece comida, copas y música hasta altas horas.

⑩ Ouzeri tou Terzaki, Herakleion

MAPA T1 ▪ Ioannou Marineli
▪ 28102 21444

Esta taberna *(ver p. 76)* ofrece platos variados.

Restaurantes

PRECIOS
Una comida de tres platos con media
botella de vino (o equivalente), servicio
e impuestos incluidos.
....
€ menos de 25 € €€ 25-40 € €€€ más de 40 €

 Ippokampos, Herakleion
MAPA S1 ▪ Sofokli Venizelou 3
▪ €

Este restaurante que tiene una
terraza mirando el paseo marítimo
de Herakleion sirve platos sencillos
de pescado y marisco. Pida sardinas
a la parrilla, calamar frito, una ensa-
lada y una jarra de vino blanco, todo
sabroso y a precios razonables a
pesar de las colas.

 Erganos, Herakleion
Georgiadou 5 ▪ 2810 285629 ▪ €
Saboree la cocina tradicional cretense en un entorno folklórico. Entre
sus platos destacados se incluyen
caracoles, hígado de cordero o panes
dulces y champiñones a la parrilla.

 Kyriakos, Herakleion
Leoforos Dimokratias 53
▪ 2810 222464 ▪ €
En este restaurante tradicional, los
comensales son invitados a entrar en
la cocina para elegir sus platos entre
las vitrinas con pescado, chuletas y
verduras.

 Kouzineri, Herakleion
MAPA K3 ▪ Agiou Titou
▪ 28103 46452 ▪ €€
Este asador, conocido por su carne
de calidad, sirve costillas a la barbacoa, hamburguesas con puré de
patatas y queso cheddar y tarta de
alcachofa.

 7 Thalasses, Herakleion
MAPA K3 ▪ Irakleitou &
Irodotou 1, Nea Alikarnassos ▪ 2810
342945 ▪ €€
Está especializado en pescado y marisco. Puede cenar pescado fresco, ensa-
lada y una botella de vino blanco. Se
encuentra al este de la ciudad.

 **Arodamos, Anogeia**
MAPA H4 ▪ Milopotamou, zona
alta ▪ 28340 31100 ▪ €
Taberna de pueblo moderna y
conocida por su buen trato. Sirve
cordero a la parrilla, especialidades
locales y quesos de cabra.

 **El Greco, Lendas**
MAPA J6 ▪ Sobre la playa
▪ 28920 95322 ▪ €€
Tradicional taberna griega con vistas
al mar de Libia. Ofrece comida tradicional preparada con ingredientes
locales y una extensa carta de vinos.
Con reserva previa *(ver p. 74)*.

 **Elia, Zaros**
MAPA J5 ▪ A 1,5 km de Zaros
▪ 28940 31238 ▪ €€
Es el restaurante del Eleonas Country
Inn. Sirven todos los platos en un
entorno rústico de madera y piedra.

Encantadora terraza-cenador del Elia

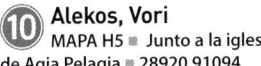 **Mourelo Cretan,
Ammoudara**
MAPA K3 ▪ Apartamentos Ikaros, Dios
▪ 28108 24838 ▪ €
Este restaurante moderno ofrece
platos cretenses y recetas de fusión
mediterranea *(ver p. 75)*.

10 Alekos, Vori
MAPA H5 ▪ Junto a la iglesia
de Agia Pelagia ▪ 28920 91094
Taberna con un patio encantador que
ofrece comida a la altura. El chef Alekos
ha trabajado en Bélgica, lo que se
refleja en su estilo de cocina.

Ver mapa en pp. 88-89

TOP 10 Oeste de Creta

Fortaleza de Rethymnon

Gran parte de la zona está dominada por las cumbres sin árboles de los Lefka Ori (montes Blancos), que pueden permanecer cubiertos de nieve hasta junio. Las montañas, cortadas por gargantas, descienden abruptamente hasta el mar, en la costa sur de Creta. Estos picos fueron durante siglos el refugio de la resistencia cretense contra los ocupantes extranjeros de la isla. Hasta la segunda mitad del siglo XX, la única forma de acceder a muchos de sus pueblos más remotos era a pie, lo que ha permitido conservar el modo de vida tradicional durante más tiempo. En el oeste, se encuentran La Canea y Rethymnon, dos de las ciudades más interesantes de Creta, así como algunas de las mejores playas.

OESTE DE CRETA

Spanda

Mar de Creta

Agria Gramvousa

Imeri Gramvousa

Península de Rodopou

Skala

Vuksa

Agios Ioannis

Agios Andonios

Stavros *Tripiti* Male

Kólpos Kisamos

Afrata

Kolymvari

Kólpos Canea

Península de Akrotiri

① *Península de Gramvousa*

Rodopos

Kastelli Kissamou (Kissamos)

Maleme ⑧

Platanias ⑤

Spilia ② *Gerani*

La Canea **Ver mapa derecha** ①

Kambanion ①

② *Aronión*

Marathi

③ ③

Falasarna

Diapanyas ⑩

Patomida

Vukolye

④ ② *Galatas*

⑦ *Souda* ①

⑤ *Aptera*

Polyrrinia ③

Deliana

Vatolakos ⑦

Alikianos

Mournies

Sfinarion

Sirikarion

Topolia

Skines *Furnes*

Kambi *Paidohori*

Drakona ⑨

Vamo

Koutroulis

Vlatos

Mikhaliana

Laki

⑨

Playya *1.071 m*

Floria *Spina*

Prases

Stomion *Vati Elos*

Plemenian

Omalos

LA CANEA *Ayos Pavlos* *Vafes*

⑨

Sarakina

Kambanos *Meseta de Omalos*

Embrosneros

Khrisoskalitsa

Azogyre

Amudarion

⑥ *Kalamos* *Anidri*

Kustogerakon

Garganta de Samaria

Pahnes *2.453 m*

Elafonisi *Yaros*

Gigilos *2.080 m*

L e f k á

Imbros

Krios ⑥ ⑥

⑥ ⑩ ⑧

Paleochora

① ①

Sougia

Agia Roumeli

O r i

Murion

Asfendos

⑧

Agios Pavlos

⑧ ⑤ ③ *Chora Sfakion*

Loutro

0 kilómetros   10

Gavdos   *Gavdos*

Páginas anteriores La cueva Dictea, donde se dice que nació Zeus

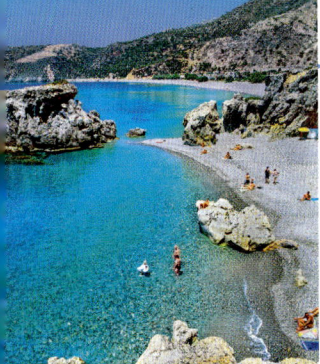

La costa de alrededor de Sougia

1 Sougia

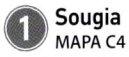

MAPA C4

Sougia constituye un destino perfecto para el viajero que busca sosiego y aislamiento, ya que aquí el turismo es muy tranquilo. De hecho, sólo hay un pequeño número de pensiones, casas de huéspedes, tabernas y cafés. La extensa playa de la ciudad tiene guijarros y un agua cristalina. A una hora a pie se encuentran las ruinas de la antigua ciudad-Estado de Lissos, que albergan un templo del siglo III a.C. consagrado a Asclepio, dios de la medicina. Hay un mosaico que data del siglo 3 a.C.

2 Rethymnon

Rethymnon es la tercera ciudad de Creta (después de Herakleion y La Canea) y, para muchos, la más atractiva. Tiene un puerto interior dominado por una gran fortaleza veneciana (la Fortezza), calles jalonadas por mansiones venecianas y un paseo con palmeras junto a la playa. Sus playas han convertido a Rethymnon en un centro turístico con hoteles, tiendas, restaurantes y animados bares y cafés. Por las mañanas, se puede visitar el bullicioso mercado los jueves y sábados *(ver pp. 26-27)*.

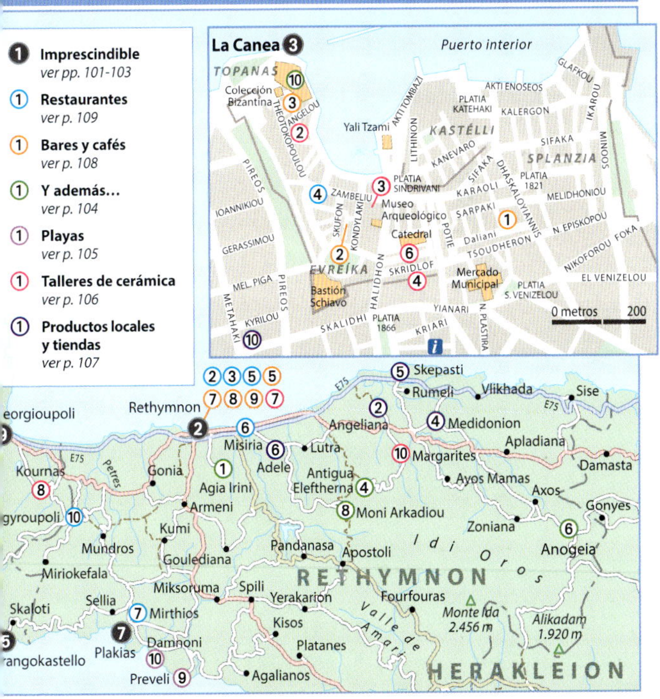
1 Imprescindible
ver pp. 101-103
1 Restaurantes
ver p. 109
1 Bares y cafés
ver p. 108
1 Y además…
ver p. 104
1 Playas
ver p. 105
1 Talleres de cerámica
ver p. 106
1 Productos locales y tiendas
ver p. 107
La Canea 3
Puerto interior
TOPANAS
Colección Bizantina
THEOTOKOPOULOU
ANGELOU
Yali Tzami
AKTI TOMBAZI
LITHINON
KASTÉLLI
PLATIA KATEHAKI
AKTI ENOSEOS
KALERGON
GLAFKOU
IKAROU
SIFAKA
SPLANZIA
MINOOS
PIREOS
ZAMBELIU
PLATIA SINDRIVANI
KANEVARO
KARAOLI
DHASKALOYIANNIS
PLATIA 1821
MELIDHONIOU
IOANNIKIOU
Museo Arqueológico
SARPAKI
N. EPISKOPOU
SKUFON
KONDYLAKI
POTIE
Catedral
Daliani
TSOUDHERON
FOKA
GERASSIMOU
EVREÍKA
SKRIDLOF
NIKOFOROU
EL VENIZELOU
MEL. PIGA
Bastión Schiavo
HALIDHON
Mercado Municipal
PLATIA S. VENIZELOU
METAHAKI
KYRILOU
YIANARI
0 metros 200
SKALIDHI
PLATIA 1866
KRIARI
N. PLASTIRA
Skepasti
Rumeli
Vlikhada
Sise
E75
eorgioupoli
Rethymnon
Angeliana
Medidonion
Apladiana
Misiria
Lutra
Margarites
Damasta
Kournas
Petres
Gonia
Adele
Antigua Eleftherna
Ayos Mamas
Axos
Agia Irini
Gonyes
gyroupoli
Armeni
Moni Arkadiou
Zoniana
Kumi
Anogeia
Mundros
Pandanasa
Apostoli
Idi Oros
Goulediana
Miriokefala
RETHYMNON
Miksoruma
Spili
Yerakarion
Fourfouras
Sellia
Skaloti
Mirthios
Monte Ida 2.456 m
Alikadam 1.920 m
Kisos
Valle de Amari
Damnoni
Platanes
angokastello
Plakias
Preveli
Agalianos
HERAKLEION

3 La Canea

La segunda mayor ciudad de Creta se desarrolló alrededor de un hermoso puerto natural que atrajo a lo largo del tiempo a multitud de pueblos, como los minoicos, romanos, bizantinos, sarracenos, venecianos y otomanos. En el corazón de la ciudad se sitúa el casco antiguo, un laberinto de estrechas calles con bares, restaurantes, tiendas y museos. La Canea tiene como telón de fondo uno de los paisajes más impactantes de la isla: las laderas de los Lefka Ori (montes Blancos) *(ver pp. 20-21)*.

La mezquita en el puerto antiguo

4 Garganta de Samaria

Esta garganta, una de las más largas y profundas de Europa, toma su nombre de la diminuta iglesia veneciana de Osia Maria. Se trata posiblemente del paraje natural más impresionante de Creta. La garganta se abre camino a través de los Lefka Ori desde la meseta de Omalos hasta el mar; en el tramo más estrecho, sus paredes están separadas por apenas unos metros. La zona ha sido declarada parque nacional *(ver pp. 30-31)*.

5 Frangokastello

MAPA E4

El pequeño Frangokastello (castillo de los Francos) fue construido por los venecianos para proteger este tramo de costa de los piratas *(ver p. 46)*. La fortificación da nombre también al pequeño pueblo pesquero y centro vacacional. Frangokastello cuenta con dos calas de arena y ofrece alojamiento en pensiones y apartamentos. En verano abren varios restaurantes y cafés que ofrecen cabrito y cordero.

6 Paleochora

MAPA B4

Paleochora se encuentra en una península entre una larga bahía de arena, al noroeste, y una playa de guijarros más larga y abierta, al sureste. Cerca del centro de Paleochora se encuentran los muros en ruinas de un fuerte veneciano, Castel Selino, levantado para proteger el puerto y la costa; la construcción fue abandonada tras la conquista otomana. Paleochora, que recibió a los primeros mochileros en la década de 1970, se ha convertido en uno de los centros turísticos más tranquilos de Creta.

7 Plakias

MAPA F4

La industria turística no se fijó en las excelentes playas hasta la década de 1990, momento en el que la población pesquera comenzó a transformarse en una hilera de hoteles, apartamentos, tiendas y restaurantes. Ofrece multitud de atractivos, como un hermoso entorno natural, su propia playa de arena y la proximidad de muchas otras playas y calas, incluso más bonitas, a las que se puede llegar a pie.

8 Loutro

MAPA D4

Loutro, uno de los lugares más encantadores de Creta, está protegido por acantilados. Al lado de su diminuta playa, se alzan pensiones blancas y apartamentos. Solo se puede acceder a pie (por un difícil camino por el acantilado) o en barco desde Chora Sfakion.

⑨ Georgioupoli
MAPA E3

Esta ciudad se fundó hace poco más de un siglo; recibió el nombre del príncipe Jorge, por aquel entonces gobernador de la isla. Ahora es un centro turístico con hoteles dispuestos a lo largo de la playa de arena. Atrae a un turismo menos bullicioso que otras localidades, como Malia y Hersonissos. La plaza principal, cubierta de eucaliptos y plátanos, es el corazón de la ciudad, y el río cercano desemboca en el mar.

⑩ Kissamos
MAPA B2

Esta ciudad, formalmente llamada Kastelli Kissamou, está enclavada en una bahía entre las penínsulas de Rodopou y Gramvoussa. Muy cerca de aquí, se encuentran varios yacimientos, algunos medievales, poco frecuentados, como Polyrinia *(ver p. 47).* A ambos lados de la ciudad se extienden varias playas, aunque no son excepcionales para lo que es habitual en Creta.

Casas encaladas de Loutro

UNA MAÑANA EN RETHYMNON

▶ Comience el día en Plateia Tessera Martyrom, donde la **Porta Goura** –el único resto intacto de las murallas venecianas– conducen al casco antiguo. Pase a través de la puerta y camine hacia el norte por **Ethnikis Anastasis** donde se encuentra el mercado lleno de puestos, y tiendas y cafés con la fachada abierta. Es un estupendo lugar para comprar hierbas, miel y aceite de oliva. Esta calle termina junto a la **mezquita Nerantzes** *(ver p. 26)* convertida en una iglesia veneciana, como se puede observar en su portada que da al norte.

Desde Nerantzes gire a la izquierda hacia Vernadou, y a medio camino, a su izquierda, puede visitar el **Museo de Arte Popular** *(ver p. 50),* que exhibe textiles y trajes populares. Después, gire a la derecha por Epimenidou, y de nuevo a la derecha por Arabatzoglou, que llega hasta Petihaki, una pequeña plaza donde encontrará la **fuente Rimondi** *(ver p. 27),* construida en 1627 para suministrar agua potable a la ciudad. Al lado está la elegante **Loggia** *(ver p. 27)* del siglo XVI.

Continúe por Mesolongiou, pase la iglesia católica de **San Antonio de Padua,** y después avance por Himaras hasta el **Museo Arqueológico de Rethymnon** *(ver p. 49)* que exhibe descubrimientos de época neolítica, minoica y romana. Cruce Katehaki hasta la **fortaleza** *(ver p. 26).* Esta fortificación fue construida por los venecianos en 1573 para proteger la ciudad de invasiones, pero al final no fue un obstáculo para los otomanos, que la rodearon para apoderarse de la ciudad. Termine con una comida en las tabernas del muelle ⬤ del **puerto veneciano.**

Ver mapa en pp. 100-101 ←

Y además...

1 Monasterio de Agia Irini
MAPA F3 ▪ 28310 27791 ▪
**Horario: 9.00-20.00 todos los días
(nov-mar hasta 18.00)**
Este monasterio del siglo XIV alberga
un convento de monjas y un centro
de tejido y bordado tradicionales.

2 Península de Akrotiri
MAPA D2
Akrotiri guarda varios monasterios,
entre los que destacan Moni
Katholiko y el veneciano Moni Agias
Triadas Tzangarolon *(ver p. 45).*

3 Chora Sfakion
MAPA D4
Principal punto de encuentro para
los grupos que llegan en barco tras
recorrer la garganta de Samaria.
Una vez que los autocares parten,
la ciudad recupera su tranquilidad.

4 Antigua Eleftherna
MAPA G3 ▪ **Horario: 8.30-19.00
todos los días** ▪ **www.en.mae.com.gr**
La antigua Eleftherna, fundada en el
año 700 a.C., fue una poderosa ciudad
doria. Con el tiempo cayó en el olvido
y ahora está siendo recuperada.

5 Aptera
MAPA D2 ▪ **Horario: 8.30-15.00
mi-lu**
Ciudad bizantina sobre un asentamiento helénico. Entre los restos se
encuentran cisternas romanas,
cimientos bizantinos, un monasterio
veneciano y un fuerte otomano.

6 Anogeia
MAPA H4
Anogeia fue núcleo de la resistencia
contra los otomanos, que la
saquearon en 1821 y 1826, y los alemanes. Hoy ofrece al turista cafés y
tiendas.

7 Cementerio de guerra en la bahía de Suda
MAPA D2
Aquí yacen más de 1.500 soldados de
la Commonwealth muertos durante la
batalla de Creta, en mayo de 1941.

8 Moni Arkadiou
MAPA G4
Este monasterio del siglo XV combina
la arquitectura cretense y barroca
e incluye una ornamentada iglesia
veneciana *(ver pp. 36-37).*

9 Antigua Falasarna
MAPA A2 ▪ **Falasarna** ▪ **Horario:
8.30-15.30 mi-lu**
Las ruinas de esta ciudad-Estado
doria merecen una visita. El puerto
de estilo fenicio es lo más destacado.

10 Museo Marítimo de Creta
MAPA A5 ▪ **Akti Koundourioti,
La Canea** ▪ **Se cobra entrada**
▪ **www.mar-mus-crete.gr**
Instrumentos de navegación, maquetas
de barcos y equipamiento naval trazan
la historia marítima de Creta en la fortaleza Firkas *(ver p. 21).*

Fuerte otomano en la antigua Aptera

Playas

1 Balos
MAPA B1

Esta playa de color rosa mira a una laguna baja de aguas turquesas. Muchos visitantes llegan en viajes de barco organizados. Por carretera se llega desde Kalyviani en 4x4, a través de una pista llena de baches.

Playa y laguna de Balos

2 Platanias
MAPA C2

Esta es una buena playa con fácil acceso desde La Canea y muchos locales para comer y beber. Platanias en verano tiene variado ocio nocturno en sus numerosos bares y clubes.

3 Falasarna
MAPA A2

Esta playa de arena es una de las mejores de la costa oeste. El yacimiento arqueológico en el extremo norte ayuda a controlar su desarrollo, pero hay muchas tabernas y lugares para quedarse a mitad de camino.

4 Stavros
MAPA D2

Más tranquilo que Platanias, constituye una buena alternativa para los viajeros que buscan sosiego. Su bahía en la península de Akrotiri aparece en la película *Zorba el griego*.

5 Glyka Nera (playa de agua dulce)
MAPA D4

Glyka Nera, un pequeño espacio de guijarros y arena, toma su nombre del agua potable que brota en cualquier sitio que se excave. Solo se accede por un duro sendero (parte del E4), o en barco desde Loutro o Chora Skafion. A los naturistas les encanta esta playa.

6 Elafonisi
MAPA A4

La playa que se extiende frente a la isla de Elafonisi, en la costa oeste, es una de las mejores de Creta, con su arena blanca y sus aguas color turquesa poco profundas que se calientan rápido en verano. Suele estar llena.

7 Sougia
MAPA C4

La playa de Sougia, con zonas cubiertas por tamariscos es uno de los últimos balnearios alternativos de Creta, con acampada libre y nudismo en el extremo este de la playa, pero es bastante grande para todo tipo de actitudes.

8 Agios Pavlos
MAPA F5

La cala de Agios Pavlos, un destino popular para ir por el día desde Agia Galini, no es tan impresionante como la playa oeste, a la que se accede descendiendo la mayor duna de arena de Creta.

9 Preveli
MAPA F5

El río Kourtaliotis se une al mar bajo Moni Preveli, donde el verde fluvial y el azul marino junto a las palmeras datileras y el bambú griego conforman una especie de oasis.

10 Damnoni
MAPA F4

Esta playa está algo deteriorada por la construcción excesiva de hoteles, pero al este están Ammoudi y Skinaria, dos calas de arena, ambas muy populares entre los naturistas.

Ver mapa en pp. 100-101

Talleres de cerámica

Piezas de cerámica del Estudio Tetraktis

① Estudio Tetraktis
MAPA D2 ▪ Verekynthos 6, Souda Canea ▪ www.tetraktis-studio.gr
Yiannis Vlavogilakis fabrica juegos de mesa (damas, dominó, solitario...) de cerámica. También azulejos y docenas de tambores.

② Cerámica Ourios
MAPA C5
▪ Theotokopoulou 4, La Canea ▪ www.ouriosceramics.gr
Babis Magdalinos crea objetos de cerámica inspirados en el arte popular griego. Además realizan unos innovadores esmaltes hechos con vidrio reciclado.

③ Cerámica Flakatoras
MAPA B5 ▪ Zampeliou 19, La Canea ▪ 6980 909010
En este taller y tienda familiar se hacen y venden tazas pintadas a mano, platos y azulejos; también unos objetos extravagantes que representan peces, caracoles y pingüinos.

④ Michael Laventzakis
MAPA B6 ▪ Skrydlof 38, La Canea ▪ www.laventzakisceramics.gr
Inspirándose en el arte popular griego, esta empresa familiar fabrica unas teteras, así como tazas, cuencos y platos en 16 colores.

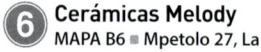

⑤ Apostolakis
MAPA C2 ▪ Maleme, 16 km al oeste de La Canea ▪ 28210 62438
Costas Apostolakis hace tazas, cuencos, jarras, jarrones y candelabros de cerámica, esmaltados en tonos cálidos, naranjas, rojos, azules o verdes.

⑥ Cerámicas Melody
MAPA B6 ▪ Mpetolo 27, La Canea
Visite esta tienda y taller puede comprar alguna de sus coloridas piezas de cerámica hechas a mano. También tienen objetos de decoración.

⑦ Cerámicas Vardaxis
MAPA P2 ▪ Panou Koronaiou 31, Rethymnon
George Vardaxis pinta a mano cuencos, jarrones y azulejos. Su familia lo ha estado haciendo durante generaciones. Su abuelo tiene obras expuestas en el Museo de Arte Popular de Grecia en Atenas.

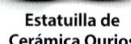

⑧ Terra-Cotta
MAPA E3 ▪ Kournas ▪ www.terra-cotta.gr
En este negocio familiar hacen hermosos utensilios de terracota para la cocina, que se pueden lavar en el lavavajillas, en doce colores de esmalte distintos.

Estatuilla de Cerámica Ourios

⑨ Manousos Chalkiadakis
MAPA D3 ▪ Paidochori ▪ www.greekceramics.gr
Situado en una casa reformada del siglo XVIII, el estudio Manousos abre todos los días. Venden su propia cerámica hecha a mano y hacen cursos de un día.

⑩ Estudio de cerámica ea
MAPA G3 ▪ Margarites, 27 km al oeste de Rethymnon ▪ www.eaceramicstudio.com
Margarites es conocido por su alfarería. En su estudio, Ema y Aris crean diseños actuales y modernos para sus vajillas, tazas, jarras y cuencos.

Ver mapa en pp. 100-101

Productos locales y tiendas

1 Moni Agia Triada
MAPA D2 ▪ Península de Akrotiri
Visite el monasterio de Moni Agia Triada *(ver p. 45)*, cerca de La Canea, y después compre el aceite de oliva virgen extra y el vino ecológico.

2 Taller de Athos
MAPA G3 ▪ Angeliana, 23 km al este de Rethymnon ▪ www.athosworkshop.com
Esta empresa hace jabones con aceite de oliva y demostraciones sobre su elaboración. En su tienda también se pueden comprar extractos de hierbas y cremas.

Jabones, Taller de Athos

3 Astrikas Estate Biolea
MAPA C2 ▪ Astrikas ▪ www.biolea.gr
En las colinas de detrás de Kolymvari, Biolea ofrece visitas guiadas al molino, una presentación audiovisual y degustaciones de aceite. También venden aceite de oliva ecológico con sabor a cítricos.

4 Aceite de oliva Paraschakis
MAPA G3 ▪ Melidoni Geropotamou, 27 km al este de Rethymnon ▪ www.paraschakis.gr
Esta granja de explotación familiar, además de vender sus productos, ofrece un recorrido por sus instalaciones.

5 Klados
MAPA G3 ▪ Skepasti, 25 km al este de Rethymnon ▪ www.kladoswinery.gr
La visita incluye un recorrido por su viñedo, una presentación sobre la elaboración del vino y una cata de sus vinos, que se pueden comprar.

6 Granja Agreco
MAPA F3 ▪ Adele, 7 km al este de Rethymnon ▪ www.agreco.gr
Tienda de productos de granja bellamente empaquetados. Su aceite de oliva Agreco es de producción local.

7 Manousakis
MAPA C2 ▪ Vatolakos, 15 km al suroeste de La Canea ▪ www.manousakiswinery.com
Esta bodega boutique realiza visitas y catas, con almuerzo opcional. Ofrece un excelente vino ecológico y *tsikoudia* (otro nombre para el aguardiente *raki*).

8 Terra Creta
MAPA C2 ▪ Kolymvari, principal carretera 24 km al oeste de La Canea ▪ www.terracreta.gr
Producen aceite de oliva a gran escala y realizan recorridos guiados por los molinos, seguidos de una degustación. Es una oportunidad para comprar su galardonado aceite de oliva extra y su vinagre balsámico.

9 Dourakis
MAPA E3 ▪ Alikampos ▪ www.dourakiswinery.gr
Esta premiada bodega, abierta para visitas informativas y degustaciones, se encuentra en Apokoronas, entre La Canea y Rethymnon. Produce vinos tintos, blancos y rosados.

10 Abea Deli Shop
MAPA A6 ▪ Skalidi 116, La Canea ▪ www.abea.gr/en/deli-shop
Fundada en 1889, tiene entre sus existencias su propio aceite de oliva, así como jabones y cosméticos.

Artículos expuestos en Abea Deli Shop

Bares y cafés

Músicos y clientes en una calle llena de cafés, Paleochora

1 **Mylos, Plananias**
MAPA C2 ▪ Playa Platanias
▪ www.myloschania.com
Este club es uno de los principales locales al que acuden los jóvenes en verano; tiene DJ y fiestas temáticas.

2 **Sinagogi Bar, La Canea**
MAPA A5 ▪ Callejón junto a Kondylaki, antiguo puerto
Este popular bar se encuentra en las ruinas de un patio veneciano. Cuenta con un rincón con sofás y música tranquila.

3 **Fagotto Jazz Bar, La Canea**
MAPA A6 ▪ Angelou 16
Desde 1978 los lugareños acuden a tomarse una copa tarde por la noche, acompañada de jazz en directo. Se encuentra en el barrio de Topanas, y abre después de las 22.00.

4 **Kibar: To Monastiri Tou Karolou, La Canea**
MAPA B6 ▪ Daliani 22
Se encuentra en el patio de un antiguo monasterio y sirve cócteles hasta altas horas. Tiene eventos con DJs e incluso una galería de arte.

5 **Jardín de Ali Vaf, Rethymnon**
MAPA Q2 ▪ Tzane Bouniali 65
Este bar restaurante, situado en un hermoso patio, ofrece copas, aperitivos y narguiles, además de un concierto nocturno semanal.

6 **Agios Bar, Paleochora**
MAPA B4 ▪ Eleftheriou Venizelou 1 ▪ www.agiosbar.gr
Alojado en un antiguo edificio industrial reformado con mucha imaginación, este moderno café sirve sus propias mezclas de café y sus cócteles con *raki* y *tsikoudia*.

7 **To Halikouti, Rethymnon**
MAPA Q2 ▪ Katehaki 3 y Melissou ▪ 28310 42632
Este café para toda la familia ubicado bajo la fortaleza de Rethymnon es un magnífico lugar para tomar café, una copa de vino, un almuerzo ligero o copas después de cenar.

8 **Meli, Rethymnon**
MAPA Q2 ▪ Plateia Petihaki
El mejor helado de leche de cabra natural del casco antiguo de la ciudad. Se puede consumir en una mesa junto a la adyacente fuente Rimondi o comprar un cono si se está de paso.

9 **Cul de Sac, Rethymnon**
MAPA Q2 ▪ Plateia Petihaki ▪ 28310 26914
Cerca de la fuente Rimondi, Cul de Sac es perfecto para tomar un café o un cóctel y mirar a la gente.

10 **Café Cosmogonia, Paleochora**
MAPA B4 ▪ Strovlon-Paleochoras 28 ▪ 69867 70686
En el centro de Paleochora, es el más animado de la ciudad por la noche. Magnífica música, estupendas vibraciones y buena compañía garantizadas.

Restaurantes

1 The Five Restaurant, La Canea
MAPA A6 ▪ Akti Papanikoli 15, Neachora ▪ 28210 86596 ▪ €€

Local junto al mar muy querido por la población local, The Five ofrece cocina creativa, con platos como la carbonara cretense y la brocheta de sardinas. Deliciosa tarta *pavlovaki (ver p. 72)*.

2 Veneto, Rethymnon
MAPA Q2 ▪ Epimenidou 4 ▪ 28310 56634 ▪ €€

Entre bóvedas del siglo XIV bajo el Hotel Veneto, ofrece platos cretenses *(ver p. 73)* como caracoles con hinojo, *stamnagathi* y alcachofas estofadas, o *chtapodi krasato*.

3 Avli, Rethymnon
MAPA Q2 ▪ Xanthoudidou 22 ▪ 28310 26213 ▪ €€€

Recetas creativas cretenses y tablas de quesos. Las mesas ocupan un hermoso jardín *(ver p. 72)*.

Pintoresco patio del Avli

4 Tamam, La Canea
MAPA B5 ▪ Zambeliou 49 ▪ 28210 96080 ▪ €€

El Tamam ofrece una fusión de platos de Creta y del Levante, como buñuelos de hinojo o conejo en salsa de romero y vino *(ver p. 72)*.

5 Prima Plora, Rethymnon
MAPA Q2 ▪ Akrotiou 4 ▪ 28310 56990 ▪ €€€

Este restaurante y bar de vinos ofrece calidad, comida orgánica y vino local. Pruebe el excelente *sushi (ver p. 72)*.

6 Taverna tou Zisis, Rethymnon
MAPA Q2 ▪ Machis Kritis 63, Misiria ▪ 28310 28814 ▪ €

A 4 km de Rethymnon por la carretera vieja de Herakleion se halla Zisis *(ver p. 74)*. Su cordero y su pollo a la brasa merecen viaje desde la ciudad.

7 Plateia, Mirthios
MAPA F4 ▪ Mirthios ▪ 28320 31560 ▪ €

Comida tradicional cretense, personal amable y buenas vistas del mar garantizan un buen rato *(ver p. 74)*.

8 Methexis, Paleochora
MAPA B4 ▪ Paleochora ▪ 28230 41431 ▪ €€

Abierto todo el año *(ver p. 72)*, sirve platos como arrollado de hígado de cordero y *askolymbri* (cardo dorado).

9 Ta Douliana, Douliana
MAPA E3 ▪ Centro de Douliana, entre Kalyves y Vamos ▪ Cerrado: lunes ▪ €€

Preciosa taberna *(ver p. 74)* que sirve cocina cretense, incluidas recetas hechas en el tradicional *xylofournos*, horno de leña.

10 Taberna Arxaia Lapa, Argyroupoli
MAPA E3 ▪ Argyroupoli ▪ 28310 81004 ▪ €€

A esta taberna *(ver p. 74)* se viene por los platos de carne a la parrilla.

Ver mapa en pp. 100-101

TOP 10 Este de Creta

El este de Creta no recibe tantos turistas debido a su distancia de los aeropuertos de la isla. No obstante, la mayor ciudad de la región, Agios Nikolaos, es un próspero destino turístico. Los complejos hoteleros más exclusivos de la isla también se sitúan en el este, alrededor de Elounda. Hay buenas playas, entre las que destaca la playa de Vaï; y hay ruinas minoicas en Gournia, Mochlos y Zakros.

Prístinas aguas de Elounda

1 Elounda
MAPA N4

Elounda, situada en el golfo de Mirabello, es la zona turística más cara de Creta. Cuenta con varios complejos hoteleros exclusivos con espacios ajardinados, algunos de ellos incluso con playas privadas. El pueblo tiene una serie de tiendas y restaurantes, y salen barcos diarios hacia Spinalonga, una isla-fortaleza veneciana.

ESTE DE CRETA

1 Imprescindible
ver pp. 110-113

1 Restaurantes
ver p. 119

1 Bares y cafés
ver p. 118

1 Y además…
ver p. 114

1 Playas
ver p. 115

1 Lugares para
fotografiar ver p. 116

1 Productos locales
ver p. 117

Restos de la fortaleza de Spinalonga

② **Spinalonga**
MAPA N4

Las fortificaciones que rodean esta pequeña isla rocosa del golfo de Mirabello fueron construidas por los venecianos en 1579 para proteger la entrada de este magnífico puerto natural. La supremacía naval de Venecia le permitió conservar Spinalonga medio siglo después de la caída del resto de Creta en manos de los otomanos, y no se entregó hasta 1715. Se dedicó a leprosería en la primera mitad del siglo XX *(ver pp. 34-35).*

③ **Ierapetra**
MAPA N6

Es la mayor ciudad de la costa sureste. Sus edificios son algo anodinos, pero su playa de arena gris se encuentra, según las estadísticas, entre los lugares más soleados de Europa. En los campos circundantes, se recogen abundantes cosechas de tomates y pepinos todo el año. Ierapetra era un importante asentamiento griego dorio en el siglo VIII a.C. En el siglo II a.C. se convirtió en la mayor ciudad-Estado de la isla. Bajo el dominio romano, se convirtió en un importante puerto marítimo; posteriormente los venecianos levantaron una fortaleza para proteger el puerto. Su principal atractivo es el museo arqueológico.

④ **Sitia**
MAPA Q4

Sitia muestra un aspecto moderno, pero fue fundada en el siglo IV. Pronto se convirtió en una floreciente ciudad bizantina, aunque su suerte cambió después del siglo XIV, cuando sufrió varios terremotos y el saqueo de los piratas. A finales del siglo XIX, Sitia resurgió transformándose en un centro comercial importante. Posee un pintoresco puerto dominado por una fortaleza veneciana y un Museo Arqueológico *(ver p. 49).*

Paseo de palmeras en Sitia

LAS CUEVAS DE CRETA

Las laderas montañosas de Creta están horadadas por unas 5.000 cuevas y simas. En las grutas, se han descubierto vestigios del mundo antiguo que indican que Creta estuvo habitada durante miles de años antes de la aparición de la civilización minoica. Sólo se ha trazado el mapa completo de algunas de ellas, mientras que otras miles esperan a ser exploradas y cartografiadas.

Formaciones rocosas de la cueva Dictea

5 Makrygialos
MAPA Q5

Makrygialos es un complejo turístico muy popular de la costa sureste. Una larga hilera de pensiones, hoteles y tabernas se extiende junto a una playa de arena y guijarros bastante ventosa. Esta playa, con forma de media luna y una suave pendiente, es de las mejores del sureste.

6 Garganta de Zakros
MAPA R5

La garganta de Zakros es conocida en la zona como el valle de los Muertos *(ver p. 65)*, ya que los romanos empleaban las cuevas de sus paredes de piedra caliza como tumbas. La garganta une el tranquilo pueblo de Ano (Superior) Zakros con Kato (Inferior) Zakros, junto al mar, cerca de un antiguo palacio minoico redescubierto en 1961 Es un hermoso recorrido de una hora y cuarto de subida (y una hora de bajada).

7 Cueva Dictea
MAPA M5

Según los antiguos mitos griegos esta musgosa caverna llena de extrañas formaciones de piedra caliza fue el lugar de nacimiento del mayor dios del Olimpo, Zeus. Rea, la madre de Zeus, supuestamente escondió aquí al joven dios de su padre Cronos. En la cueva se han encontrado figurillas de bronce y hachas dobles minoicas que se muestran en el Museo Arqueológico de Herakleion. A este lugar también se le llama Cueva de Psychro.

8 Agios Nikolaos
MAPA N4

Esta localidad toma su nombre de la pequeña iglesia de Agios Nikolaos del siglo XI (situada a la espalda del hotel Minos Palace). La ciudad disfruta de la ubicación más atractiva del este de Creta. Se encuentra alrededor de la laguna interior de Voulismeni, que está rodeada de palmeras y cafés. Los hoteles y apartamentos modernos empequeñecen

a los edificios más antiguos, pero continúa conservando un encanto considerable. Tiene dos pequeñas playas y hay barcos que llegan a las playas mayores más cercanas.

 Vaï
MAPA R4

La playa de Vaï es famosa por poseer el único palmeral natural de Europa. Se cree que los marineros árabes las plantaron en tiempos históricos. Sin embargo ambas afirmaciones son espúreas, pues se encuentran palmerales de esta especie en Creta y otros lugares del Egeo. La especie, Phoenix Theoprasti, fue descrita por primera vez en el siglo IV a.C. por el botánico Theophrastos, en cuyo honor llevan su nombre. Actualmente las palmeras están valladas y protegidas. La playa está repleta en temporada alta y es mejor visitarla fuera de los meses de verano.

 Meseta de Lasithi
MAPA M4

La llamada "llanura de los molinos de viento" es una alta meseta de fértiles tierras agrícolas rodeada de colinas de caliza. Sin embargo su nombre es engañoso. En nuestros días las grúas metálicas oxidadas superan a los molinos de viento con aspas blancas que antes salpicaban a cientos la llanura. De todos modos, vale la pena visitar Lasithi por el espectacular paseo a través de las montañas y porque se intuye cómo era la vida tradicional en Creta.

Panorámica de Agios Nikolaos

UN PASEO EN COCHE POR EL ESTE DE CRETA

Este viaje en redondo de 200 km desde **Agios Nikolaos** se puede hacer en un día, o dos, parando a pasar la noche en **Zakros**. Desde Agios Nikolaos tome la autopista de la costa hacia el este hasta **Gournia** (ver p. 42) para explorar el yacimiento minoico. Continúe hacia el este hasta **Sitia** (ver p. 111), fundada por los bizantinos, destruida en el siglo XIV y reconstruida por un *pasha* (gobernador otomano) local en el siglo XIX. Tiene un puerto donde puede parar a tomar un café, y un **Museo Arqueológico** (ver p. 49) que exhibe tesoros minoicos.

Diríjase hacia el este hasta **Moni Toplou** (ver p. 45), un monasterio fortificado del siglo XIV. Visite la iglesia del monasterio para ver los iconos, y comprar aceite de oliva a los monjes. Continúe hasta la playa de **Vaï**, con su famoso palmeral, ahora una zona de conservación de la costa este de Creta. Llena de sombrillas y tumbonas, en esta playa de arena debería tomarse un baño. Una vez refrescado vaya hacia el sur hasta **Ano Zakros**, y después gire a la izquierda y conduzca por la estrecha carretera serpenteante hasta el pueblo costero de **Kato Zakros**, con su frente marítimo de arena y guijarros lleno de tabernas informales. Pare para cenar, o incluso para pasar la noche. Después de Zakros avance por la pintoresca llanura de Ziros hasta la costa sur de Creta, pasando por **Makrygialos**, otro balneario remoto que vale la pena, y al oeste hasta la costera **Ierapetra** (ver p. 111). A diferencia de la mayoría de los pueblos costeros de Creta, la economía de este balneario está basada en la agricultura más que en el turismo. Desde aquí conduzca 32 km de vuelta hasta Agios Nikolaos.

Ver mapa en pp. 110-111

Y además...

1 Kritsa
MAPA N5

Kritsa se sitúa en los límites de una fértil llanura, dominada por el monte Kastelleos. Es considerada uno de los principales centros de artesanía.

2 Praisos

Por las estatuillas de barro e inscripciones encontradas, los arqueólogos creen que Praisos fue una ciudad postminoica, habitada por cretenses primitivos (ver p. 43).

3 Cretan Olive Oil Farm
MAPA N4 ▪ Agios Nikolaos ▪ www.cretanoliveoilfarm.com

Aquí puede aprender sobre la producción de aceite de oliva y apuntarse a clases de cocina y cerámica.

4 Lithines
MAPA Q5

Este pueblo lleva el nombre de una familia de nobles bizantinos. En él se alzan dos iglesias del siglo XV.

Ruinas antiguas de Lato

5 Lato
MAPA N4

Lato fue una ciudad doria griega y floreció entre los siglos VII y III a.C. Tiene enormes muros de piedra y buenas vistas al golfo de Mirabello. La actual Agios Nikolaos se encuentra en el puerto de Lato.

Monasterio de Toplou, un hito local

6 Moni Toplou

Este monasterio fortificado fue fundado en el siglo XIV. Las gruesas murallas se levantaron para protegerlo de los piratas (ver p. 45).

7 Rousa Eklisia
MAPA R5

Merece la pena visitar este bonito pueblo por la magnífica vista que ofrece de la bahía de Sitia. Unos grandes plátanos dan sombra a la plaza y un arroyo alimenta la fuente cercana a la iglesia de Agios Nikolaos.

8 Moni Kapsa
MAPA Q6 ▪ Horario: 8.30-12.00 y 16.00-19.00 todos los días

Este monasterio parece emerger del acantilado. En su capilla se conserva el cuerpo momificado de un monje.

9 Garganta de Pefki
MAPA P5

El recorrido de cuatro horas desde Pefki hasta Makrygialos sigue el cauce seco de un río. Atraviesa un cañón con curiosas formaciones rocosas.

10 Mochlos
MAPA P4

Mochlos es una aldea de pescadores al este de Agios Nikolaos. Al lado de la playa hay una pequeña isla donde se encuentra un asentamiento minoico. Las excavaciones han sacado a la luz joyas de oro y preciosas vasijas.

Ver mapa en pp. 110-111

Playas

① Sitia
MAPA Q4

Muy cerca de Sitia se encuentra una estupenda playa que resulta perfecta para practicar el windsurf.

② Xerokampos
MAPA R5

Esta aldea comprende varias calas pequeñas de arena. Se trata de uno de los pocos enclaves costeros no saturados por el turismo.

③ Kouremenos
MAPA R4

Los fuertes vientos lo hacen un lugar muy popular para hacer windsurf. En verano hay mejores condiciones, normalmente por las tardes.

④ Makrygialos
MAPA Q5

Esta larga playa de arena y guijarros, una de las mejores de la costa sureste, desciende suavemente hacia aguas más profundas.

⑤ Myrtos
MAPA N6

Este pueblo agrícola y pesquero tiene una gran playa de guijarros orientada al sur. El número de turistas es inferior a lo habitual en el este de Creta, incluso en temporada alta.

⑥ Agia Fotia
MAPA R4

Esta cala de arena rodeada de colinas con pinares es la mejor playa entre Makrygialos e Ierapetra, y es una parada perfecta para comer o nadar.

⑦ Chiona
MAPA R4

Chiona destaca por la limpieza de su arena y sus aguas. Hacia el sur hay playas más aisladas y mejores.

⑧ Kato Zakros
MAPA R5

Kato Zakros, al final de la garganta de Zakros, posee una playa de arena y guijarros en forma de media luna, un pequeño puerto pesquero y varias pensiones y tabernas.

Frente costero de Kato Zakros

⑨ Milatos
MAPA N4

Sorprende la quietud de esta playa de guijarros, sobre todo si se compara con los bulliciosos centros turísticos situados unos kilómetros al oeste.

⑩ Voulisma
MAPA P5

Esta hermosa cala de arena, la mejor al este del balneario de Istros, ofrece tumbonas y un pequeño oleaje para divertirse.

Aguas azules de la playa de Voulisma

Lugares para fotografiar

① Playa de arena de Vaï
MAPA R4
El mejor sitio para fotografiar esta impresionante playa, que desciende suavemente hasta un mar turquesa poco profundo, es desde el mirador de la colina en el extremo sur.

② Palmerales de Vaï
Es el mayor palmeral de Europa y sus centenarias palmeras le dan a la playa de Vaï una atmósfera tropical. Se pueden hacer fotos magníficas de las palmeras, el mar y las colinas circundantes *(ver p. 113).*

③ Spinalonga
Esta isla fortaleza construida por los venecianos ofrece muchos y excelentes miradores para tomar fotografías. Desde donde se ve más impresionante es a bordo de un barco mientras se acerca a la orilla *(ver p. 111).*

④ Agios Nikolaos
La atracción principal de la ciudad de Voulismeni es su antiguo lago de agua dulce que ahora está unido al mar por un canal estrecho. El mejor lugar para hacerle fotos es desde la carretera que hay sobre el lago *(ver pp. 112-113).*

⑤ Molinos de Lasithi
En lo alto de la meseta de Lasithi hay numerosos molinos de viento. Los hay de piedra vista y otros están encalados, con su aspas blancas que giran con el viento *(ver p. 113).*

⑥ Cueva Dictea
Este conjunto de cuevas cuenta con una cámara inferior impresionante que contiene un pequeño lago y está llena de estalactitas y estalagmitas bellamente iluminadas *(ver p.112).*

⑦ Garganta de Zakros
Recorra el camino que cruza este imponente desfiladero rocoso de paredes escarpadas que desciende hasta Kato Zakros, en la costa. Por el camino esté atento porque verá orquídeas, cabras y buitres *(ver p. 112).*

⑧ Garganta de Pefki
MAPA Q5
Tierra adentro, esta garganta es conocida por sus manantiales naturales, arroyos y el fragante olor de los pinos que le dan nombre.

⑨ Isla de Chrisi
MAPA N6
En verano se puede acceder a esta isla deshabitada en los barcos de recreo que salen cada día desde Ierapetra y Makrygialos. Se caracteriza por su mar azul turquesa, sus dunas y sus enebros centenarios.

⑩ Puerto de Ierapetra
En este puerto de la costa sur abundan las barcas pesqueras de madera pintadas de blanco, azul y rojo, y equipadas con sus redes y boyas. El castillo sirve como fondo *(ver p. 111).*

Molinos de la meseta de Lasithi

Productos locales

1 Cretan Olive Oil Farm
La finca tiene una tienda en donde venden su propio aceite de oliva virgen, aceitunas, paté de olivas, tomates secados al sol, mermelada de higos y jabones *(ver p. 114)*.

2 Votania, hierbas aromáticas de Creta
MAPA P5 ▪ Playa de Kavousi, 26 km al este de Agios Nikolaos ▪ www.votania.com
En Votania cultivan hierbas naturales como salvia, orégano, tomillo, romero, lavanda y menta. Después se secan y se utilizan para cocinar, hacer infusiones y cosméticos.

3 Arte hecho con madera de olivo
MAPA N4 ▪ Ikosiogdois Oktovriou 22, Agios Nikolaos ▪ 28410 25168
Desde 1985 en este taller se crean hermosos objetos de madera de olivo, elegantes figuras que representan árboles, barcos y animales.

4 Ktima Toplou
MAPA R4 ▪ Moni Toplou, Sitia ▪ 28430 29637
Este viñedo del monasterio del siglo XIV Moni Toplou *(ver p. 45)* cultiva uva assyrtiko, liatiko y syrah, con las que se producen vinos blancos y tintos griegos y cretenses, además de excelentes postres.

5 Productos tradicionales Melissa
MAPA N4 ▪ Koundouros Roussos 18, Agios Nikolaos ▪ 28410 24628
Visite este taller de cuero hecho a mano fundado en 1973. En sus dos escaparates exponen sus preciosos bolsos, sandalias y cinturones.

6 Mercado callejero
MAPA N6 ▪ Psilinaki, Ierapetra
Los sábados por la mañana se organiza el mercadillo al aire libre de Lerapetra, donde los agricultores locales y hortelanos instalan puestos callejeros para vender sus productos.

7 Si-Mel Savidakis
MAPA Q4 ▪ Gela, Sitia ▪ www.toplou-honey.com
Este lugar está regentado por una familia de apicultores. Ofrecen visitas y venden su propia miel, jalea real, polen y *rakomelo* (raki aromatizado con miel que se sirve caliente).

8 Domaine Economou
MAPA M5 ▪ Em. Stavrakaki 102 Sitia
Yiannis Economou produce en esta bodega *(ver p. 79)* vino tinto de la variedad de uva liatiko, autóctona del área de Sitia. Se formó en Burdeos antes de regresar a su tierra natal.

Aceites de oliva en Terra Zakros

9 Terra Zakros
MAPA R5 ▪ Ano Zakros ▪ www.sitiaterrazakros.gr
Esta tienda vende un aceite de oliva extra virgen que fue medalla de plata en el Concurso Internacional de Aceite de Oliva de Londres 2016, y de Atenas 2017. Y venden miel, hierbas aromáticas, vino y *raki*.

10 Taller de Iconos de Ioannis Petrakis
MAPA N4 ▪ Mpotis Sfakianakis 8, Elounda ▪ www.greek-icons.com
Petrakis crea iconos bizantinos y cretenses y pinturas usando técnicas y materiales tradicionales.

Ver mapa en pp. 110-111

Bares y cafés

① Alexandros Rooftop Bar, Agios Nikolaos
MAPA N4 ■ Kondylaki 4

Este popular bar sirve cócteles en mesas con lámparas de aceite parpadeantes y vistas románticas al lago Voulismeni.

② Café-Snack Bar Vaï
MAPA R4 ■ En la playa

Situado en un precioso entorno bajo las palmeras de la playa, este café y bar sirve café, bebidas, aperitivos y helados de varios sabores.

③ Epico Café Bar, Plaka
MAPA N4 ■ En la playa

Este café y bar informal, que ofrece vistas de la isla de Spinalonga al otro lado de la bahía, sirve cerveza fría, zumos recién exprimidos, café, vino y aperitivos.

④ Kaaren's, Elounda
MAPA N4 ■ Akti Poseidonos 47 ■ 28410 41709

Este café bar, que ofrece unas buenas vistas del mar, sirve deliciosos sándwiches, salchichas caseras y una amplia oferta de cócteles. No abre por las noches *(ver p. 76).*

Selección de *meze* en Kaaren

⑤ Amoodi Club, Agios Nikolaos
MAPA N4 ■ Ensenada Ammoudi ■ 69733 66065

Combinando un moderno bar de playa y hamacas de alquiler con un elegante café-restaurante que alberga DJ invitados, Ammoudi es un popular lugar de veraneo junto al agua.

Ambiente en Puerto Café-Bar

⑥ Cafe Puerto Bar, Agios Nikolaos
MAPA N4 ■ Akti Koundourou 9 ■ 28410 22850

Este café frente al puerto ofrece excelentes vistas desde su terraza, donde se puede disfrutar de bebidas y cócteles. Por la noche en el interior hay música.

⑦ Ariston Snack and Coffee, Ierapetra
MAPA N6 ■ Stragiou Samouil 14 ■ 28420 26120

Moderno establecimiento de comida para llevar con las tradicionales pastas pegajosas de miel, vistosas rosquillas heladas de colores, sándwiches tostados, *tyropita* (pasteles rellenos de queso) y otros bocados deliciosos.

⑧ Olympio Cafe, Makrygialos
MAPA P5 ■ Puerto de Makrygialos ■ 28430 52135

Con vistas al pequeño pueblo, este café ofrece desayunos, ensaladas, sabrosos aperitivos, cervezas y cócteles.

⑨ Mitsakakis, Sitia
MAPA Q4 ■ Karamanli 6

Este café en el frente marítimo es conocido por su pasteles griegos caseros, así como por sus helados.

⑩ Amnesia, Kato Zakros
MAPA R5 ■ Frente marítimo

Café snack bar de playa con una diferencia: sus estupendos helados, copas y cervezas con aperitivos. Se puede animar por la noche.

Restaurantes

① Paradosiako, Agios Nikolaos

MAPA N4 ▪ Akti Themistokleous 9, Europa Cove ▪ 697 7266 744 ▪ €

Un *mezedopoleio* sabroso al borde del mar donde los comensales marcan sus elecciones en la hoja del menú.

② Kalliotzina, Koutsouras

MAPA P5 ▪ Paseo marítimo ▪ 28430 51207 ▪ Cerrado nov-abr ▪ €

Esta taberna ofrece sus comidas caseras en unas mesas al aire libre situadas bajo unos tamariscos *(ver p. 75).*

③ Karnagio, Agios Nikolaos

MAPA N4 ▪ Kon/nou Paleogou 24 ▪ 28410 25968 ▪ €

Situado junto al lago Voulismeni, Karnagio es el restaurante más famoso de Agios Nikolaos y sirve generosas raciones de recetas clásicas griegas y cretenses. En temporada alta hay que reservar.

④ The Ferryman, Elounda

MAPA N4 ▪ Akti Olountos ▪ 28410 41230 ▪ €€

Esta taberna de pescado y marisco, con vistas a Spinalonga, ha ganado muchos premios. Los platos se basan en ingredientes locales *(ver p. 73).*

⑤ Akrogiali, Kato Zakros

MAPA R5 ▪ En la playa ▪ 28430 26893 ▪ €

Lugar relajado que da a la playa donde tomar una bebida, sabroso marisco y carnes a la brasa.

Mesas junto a la playa en Akrogiali

⑥ Poulis, Elounda

MAPA N4 ▪ Puerto ▪ 28410 41451 ▪ Cerrado nov-abr ▪ €€

El Poulis ofrece muchas especialidades cretenses y griegas con algunos platos internacionales. También sirve una amplia selección de pescados y mariscos a la parrilla, y tiene una razonable carta de vinos *(ver p. 73).*

⑦ Levante, Ierapetra

MAPA N6 ▪ Stratigou Samouil 36 ▪ 28420 80585 ▪ €

Gran lugar para probar la comida tradicional como las *omathies* –salchichas rellenas de arroz y vísceras– y *chochlioi bourbouristi* –caracoles salteados con limón y romero.

⑧ Piperia, Pefki

MAPA Q5 ▪ Eparchiaki Odos Ierapetras ▪ 69367 75069 ▪ €

El ambiente relajado se complementa con las vistas de las montañas y la costa en esta bonita taberna que sirve platos cretenses tradicionales *(ver p. 74).*

⑨ Ta Kochilia, Mochlos

MAPA P4 ▪ Paseo marítimo Mochlos ▪ 28430 94432 ▪ €

La taberna más antigua del lugar (1902) ofrece bandejas de pescado y marisco y vegetarianas, así como cacerolas que cambian cada día.

⑩ The Balcony, Sitia

MAPA Q4 ▪ Foundalidou 19 ▪ 28430 25084 ▪ €€€

Restaurante ubicado en el primer piso de una elegante casa que sirve comida griega con influencias asiáticas y mexicanas. Buena carta de vinos *(ver p. 72).*

Ver mapa en pp. 110-111

Datos útiles

Callejón lleno de enredaderas
en La Canea

Cómo llegar y moverse

Llegada en avión

Creta tiene dos aeropuertos internacionales: **Herakleion** (HER) y **La Canea** (CHQ). El primero se encuentra a 5 km al este de Herakleion y está conectado con autobuses y taxis. Está previsto que en 2027 empiece a funcionar otro aeropuerto con mayor capacidad en Kasteli. El aeropuerto de La Canea está a 15 km al este de la ciudad, en la península de Akrotiki, y también tiene autobuses y taxis. El aeropuerto de Sitia, nacional, está tan solo a 1,5 km del centro de la ciudad y se puede acceder a pie o en taxi.

Desde Semana Santa hasta finales de octubre hay muchas aerolíneas que llegan a Creta. No hay vuelos directos desde España a Creta. **Iberia** y **Aegean Airlines** operan vuelos directos de Madrid-Atenas y **Vueling** tiene un vuelo directo Barcelona-Atenas. Aerolíneas griegas como **Olympic Air**, **Sky Express** y **Aegean Airlines** enlazan Creta con otros destinos griegos, igual que **Ryanair.** Hay compañías chárter de grandes empresas turísticas que vuelan desde La Canea a Herakleion, y desde grandes ciudades europeas. En invierno los viajeros deben llegar a Creta a través de Atenas. Hay vuelos regulares a La Canea y Herakleion desde otras islas griegas, incluidas Santorini, Kos y Rodas.

Llegada en barco

Creta tiene dos puertos principales para ferris en Herakleion y La Canea, ambos en la costa norte. El puerto de Herakleion se halla en el lado opuesto del centro de la ciudad, mientras que el de La Canea está en Souda, a 7 km al este de la ciudad, y se puede llegar en autobús.

Hay ferris diarios donde se pasa la noche con camarotes cómodos que parten desde el puerto del Pireo de Atenas y van tanto a Herakleion (el trayecto dura 9 horas) como a La Canea (tarda 8 horas 30 minutos). Ambas rutas están operadas en conjunto por **Blue Star Ferries** y **ANEK Lines**. Además en Herakleion también opera **Minoan Lines**. Es posible llevar coches en estos ferris.

Transporte público

El autobús es la única modalidad de transporte público en Creta. Están gestionados por organismos regionales conocidos como KinoTamio Eispraxeon Leoforon **(KTEL).** La información sobre seguridad, horarios, medidas de higiene, billetes y planos se puede conseguir en las páginas web de los KTEL.

Alquiler de coches

Hay empresas de alquiler de coches en los aeropuertos y puertos de los ferris, así como en las grandes ciudades y lugares turísticos. La edad mínima para alquilar es 21 años, aunque algunas compañías la suben a 25 años. Es preferible optar por el seguro a todo riesgo. Los permisos de conducir de los países de la UE son válidos. Los ciudadanos llegados de países de fuera de la UE deberán presentar un permiso de conducir internacional. Alquilar en el lugar es más caro que hacerlo por anticipado.

Viajar en autobús

Las ciudades de La Canea, Rethymnon y Herakleion están conectadas por autobuses cada hora. Algunos continúan hasta Agios Nikolaos. El resto de la isla también está conectada por autobuses, así que es posible llegar incluso a pueblos remotos. Los autobuses están operados por el consorcio **KTEL La Canea-Rethymnon** y el **KTEL Herakleion-Lasithi.** Es preciso comprar los billetes en quioscos o por Internet antes de subir al autobús.

Viajar en coche

Las principales ciudades de la costa norte de Creta –La Canea, Herakleion, Agios Nikolaos y Rethymnon– están conectadas por una rápida autopista de dos carriles conocida como la Autopista Nacional de Creta (A90).

La red vial es escasa, las carreteras del interior montañoso en general son estrechas y llenas de curvas y algunas no están bien asfaltadas. En zonas rurales se puede encontrar ganado suelto en las carreteras. Los pueblos de la costa sur están mal conectados (en algunos casos es más fácil viajar en barco).

En temporada alta encontrar aparcamiento en ciudades muy pobladas como Herakleion, La Canea y Rethymnon es difícil. Lo mejor es aparcar fuera del centro y caminar.

Normas de circulación

Hay que llevar puesto el cinturón de seguridad en todos los asientos. No hacerlo supone una multa de 350 €. Los niños menores de 12 años deben ir en los asientos traseros y los menores de 3 tienen que viajar en sillas adecuadas (las agencias de alquiler de vehículos las facilitan).

El límite de alcohol en sangre es de 0,5 g/l y conducir ebrio supone una multa elevada, posible pérdida del carné y demanda penal.

Las multas por pequeñas infracciones se deben pagar en un plazo de 10 días. No prestar ayuda en un accidente de otro coche es delito, así como mover el vehículo en caso de accidente antes de que llegue la policía, que someterá a prueba de alcoholemia a todos los conductores y redactará un atestado. Se lo reclamará la agencia de alquiler de automóvil y el seguro, aun cuando el vehículo sea suyo.

Taxis

En Creta, los taxis son de color gris o azul. En las ciudades hay paradas cerca de lugares turísticos, aeropuertos y puertos. También se les puede parar en la calle. Los taxis son baratos y operan tanto dentro de las ciudades como entre ciudades y pueblos. Para los trayectos cortos se usa el taxímetro, pero en los más largos hay precios fijos que se acuerdan antes de partir.

Ferris

Los pueblos de la costa sur como Paleochora, Sougia, Agia Roumeli, Loutro y Chora Skafion están conectados solo por barco. En verano hay pequeños ferris operados por **Anendyk** que cubren estas rutas a diario.

Blue Star Ferries ofrece un servicio lento, pero barato, dos veces a la semana entre Herakleion y Rodas (trayecto de 14,5 horas), con parada en Karpathos.

En verano (abr-oct) hay catamaranes diarios de alta velocidad que unen Creta y las islas Cícladas. Tanto **Hellenic Seaways** como **SeaJets** ofrecen un servicio desde Herakleion a Santorini, Naxos, Paros y Mykonos; SeaJet también llega a los. **Fast Ferries** va de Herakleion a Santorini, los, Paros, Mykonos y Syros, antes de arribar al Pireo en Atenas. El trayecto de Herakleion a Santorini dura solo 2,5 horas.

Viajar en bicicleta

El ciclismo cada vez es más popular en Creta. Fuera de la costa norte hay miles de kilómetros de carreteras y caminos rurales, ideales para las bicicletas de montaña. Hay empresas que organizan excursiones ciclistas y en los principales lugares turísticos se pueden alquilar.

Se disfruta mejor del ciclismo en primavera y en otoño; en pleno verano solo es recomendable en lugares altos.

Si busca un desafío, considere participar en el **Tour de Creta**, carrera de seis días por la isla que se celebra en mayo.

A pie

Las ciudades antiguas como La Canea, Rethymnon y Herakleion son en su mayor parte peatonales y se pueden explorar a pie. Algunas de las mejores playas están aisladas y hay que caminar bastante para llegar a ellas.

En el interior de Creta hay paisajes fantásticos para hacer senderismo. La isla tiene varias montañas de más de 2.000 m, que suponen un desafío para caminantes y escaladores, mientras que sus gargantas son perfectas para novatos. Son muy populares las vacaciones y rutas organizadas de senderismo.

El sendero europeo de larga distancia E4 *(ver p. 65)* va desde Kissamos (Kastelli), en la costa oeste, hasta Kato Zakros, al este. Las mejores estaciones para hacer senderismo son primavera y otoño.

(ver p. 65)

INFORMACIÓN

LLEGADA EN AVIÓN

Aeropuerto de La Canea
w chq-airport.gr

Aeropuerto de Herakleion
w heraklion-airport.info

LLEGADA EN BARCO

ANEK Lines
w anek.gr

Blue Star Ferries
w bluestarferries.com

Minoan Lines
w minoan.gr

VIAJAR EN AUTOBÚS

KTEL
w ktelbus.com

KTEL La Canea - Rethymnon
w e-ktel.com

KTEL Herakleion - Lasithi
w ktelherlas.gr

VIAJAR EN FERRI

Anendyk
w anendyk.gr

Fast ferries
w fastferries.com.gr

Hellenic Seaways
w hellenicseaways.gr

SeaJets
w seajets.gr

VIAJAR EN BICICLETA

Tour de Creta
w tourofcrete.com

Información práctica

Pasaportes y visados

Los ciudadanos de la Unión Europea, y entre ellos los españoles, solo necesitan el documento nacional de identidad o el pasaporte en vigor para entrar en territorio griego. Para ciudadanos de otros países a veces puede ser necesario el visado. Para más información y detalles consulte la página web del **Ministerio de Asuntos Exteriores griego.**

Se puede también solicitar información en los consulados de Grecia en los diferentes países.

Consejos oficiales

Es importante consultar los avisos tanto del Gobierno griego como del español antes de viajar. En las páginas web del **Ministerio de Asuntos Exteriores de España** y del **Ministerio de Asuntos Exteriores de Grecia** encontrará información actualizada sobre seguridad, salud y regulaciones locales.

Información sobre aduanas

En la página web de la **Dirección General de Aduanas y Tasas** del Gobierno griego se puede encontrar información sobre las normas acerca de los artículos y las divisas con los que se puede entrar o salir de Grecia. La exportación no autorizada de arte y antigüedades es un delito grave.

Seguro de viaje

Se aconseja que antes de viajar contrate un amplio seguro de viaje que cubra sus tratamientos médicos privados, así como la evacuación y repatriación, si fuera necesario, y también por pérdida o robo de pertenencias y gastos debido a vuelos retrasados o cancelados.

Salud

El sistema sanitario griego es una red mixta de instalaciones públicas y privadas y la calidad varía en función de la ubicación. La atención médica de urgencia es gratuita para ciudadanos de la UE en clínicas u hospitales públicos, siempre que se acceda por urgencias y se disponga de la **Tarjeta Sanitaria Europea (TSE)**. Conviene asegurarse de presentarla lo antes posible.

Para ciudadanos de países no miembros de la UE los gastos corren por cuenta del paciente. Es esencial contratar un seguro médico global antes del viaje, pues los médicos o clínicas privadas pueden ser muy caros.

Si necesita un tratamiento en un hospital vaya al **Hospital Universitario de Herakleion** (PAGNI) que está en Panepistimiou y es el principal hospital de Creta y también es escuela de medicina. Hay clínicas privadas y dentistas en todas las principales ciudades.

Los farmacéuticos griegos pueden proporcionarle buenos consejos sobre enfermedades menores y heridas, y pueden dispensar una amplia gama de medicinas. La mayoría de las farmacias están señalizadas con una cruz verde, abren de lunes a sábado y, cuando cierran, tienen una hoja en la puerta con una lista de las farmacias de guardia más cercanas.

A menos que se indique lo contrario, el agua del grifo de las islas griegas es potable, aunque tiene mucha cal. El agua de manantial está muy rica y las mejores fuentes suelen tener cola.

Para visitar Grecia no se requiere ninguna vacuna. Para información acerca de los requisitos de vacunación contra la COVID-19, consulte los consejos oficiales.

Tabaco, alcohol y drogas

En 2010, Grecia aprobó una ley que prohibía oficialmente fumar en espacios públicos, incluidos restaurantes, bares y cafés. Fumar en espacios abiertos como terrazas suele estar permitido. La policía griega no tolera conductas alborotadoras ni indecentes, sobre todo si son debidas al abuso del alcohol; los tribunales griegos imponen multas cuantiosas o incluso penas de cárcel a quienes se comportan con poco decoro. Está prohibida la tenencia de narcóticos, que puede dar lugar a penas de cárcel.

Carné de identidad

Tanto residentes como turistas deben ir identificados en todo momento (ya sea con carné de identidad o con pasaporte).

Seguridad personal

Creta tiene una baja tasa de delitos, pero a veces se producen robos a turistas. Tenga cuidado con sus pertenencias y nunca deje nada valioso en el coche, aunque esté cerrado; las inmediaciones del Museo Arqueológico de Herakleion son territorio fértil para ladrones oportunistas. Si le han robado algo, debe contactar con la **policía turística** o acudir a las comisarías de La Canea o de Herakleion.

El número para cualquier clase de emergencia es el 112. Para emergencias concretas, llame directamente a la **ambulancia**, la **policía, hospitales** o **médicos de urgencias.**

Por lo general, los griegos aceptan a toda clase de personas, con independencia de su raza, género u opción sexual. La homosexualidad fue despenalizada en 1951 y las uniones civiles entre personas del mismo sexo son legales desde 2015. Sin embargo, la influencia de la iglesia ortodoxa griega es importante, así que en las ciudades pequeñas y zonas rurales, que suelen ser más conservadoras, las manifestaciones de afecto pueden ser recibidas con desagrado. De todas formas, no hay que desanimarse. La mayoría de los griegos han ingresado en el siglo XXI dejando atrás sus prejuicios.

En Herakleion y otras ciudades grandes como La Canea, Rethymnon o Agios Nikolaos hay lugares de ambiente LGTBIQ+, aunque son más discretos que en Mikonos, capital LGTBIQ+ de las islas griegas. En Creta hay algunas playas LGTBIQ+, como la de Sarantari, cerca de Hersonissos, la de Komos, cerca de Matala, la de Kavros, cerca de Georgioupolis y la de Maherida, en La Canea.

Viajeros con necesidades específicas

Creta ha hecho algunos progresos para satisfacer las necesidades de los viajeros con dificultades de accesibilidad. En 2018 todos los hoteles debían tener, al menos, una habitación adaptada para uso con silla de ruedas, pero el nivel de cumplimiento varía. La mayoría de los museos tienen instalaciones para personas con movilidad reducida, como también cada vez más playas. **Disabled Accesible Travel** ofrece varios recorridos en Creta accesibles con silla de ruedas.

Zona horaria

La diferencia horaria entre España y Grecia es de una hora más en Grecia (dos con respecto a las islas Canarias). El horario de verano comienza el último domingo de marzo y permanece hasta el último domingo de octubre.

Dinero

La moneda de Grecia es el euro (€). Las tarjetas de crédito se aceptan en la mayoría de restaurantes y tiendas, mientras que las de prepago solo se aceptan en algunos. Las tarjetas *contactless* se aceptan en las grandes ciudades. El término griego para referirse a un cajero automático es *termatiko POS*. No obstante, siempre es buena idea llevar efectivo porque muchos pequeños comercios y negocios no aceptan tarjetas, sobre todo en zonas apartadas.

En las principales ciudades y zonas turísticas hay numerosos cajeros automáticos.

Es costumbre dejar de propina un 10 por ciento en restaurantes. Los porteros y mozos suelen recibir 1 o 2 € por maleta o día. En los taxis se redondea la factura hasta el euro superior.

Dispositivos eléctricos

La corriente eléctrica es de 230 V (50Hz). Los enchufes tienen dos clavijas redondas como en España. Los visitantes de otros países necesitarán adaptadores.

Teléfonos móviles y wifi

El *roaming* en la UE para todos quienes tienen tarjetas SIM de los países miembros es gratis dentro de su plan mensual de llamadas y texto. Los teléfonos bloqueados se liberan fácilmente en Grecia (hay que presentar carné de identidad).

Hay tres proveedores principales: **Cosmote** (con la mayor cobertura), **NOVA** y **Vodafone.** La mayoría de los hoteles, restaurantes y cafés ofrecen wifi a sus clientes.

Correos

El **Correo Helénico de Grecia (ELTA)** tiene oficinas centrales en **Herakleion, La Canea** y **Rethymnon,** y todas abren de 7.30 a 20.30 de lunes a viernes. Las oficinas de correos de las ciudades pequeñas y pueblos cierran más temprano, a las 14.30. Los buzones son de color amarillo pálido.

Clima

Creta tiene un agradable clima mediterráneo con mucho sol. En la costa hay suaves brisas marinas que hacen más soportable el calor.

En invierno la temperatura media es de 11 ºC (52 ºF), pero por la noche puede helar, y las montañas de Creta están a menudo con nieve en la cumbre desde diciembre a abril. En primavera y otoño las temperaturas medias son de alrededor de 16 ºC (61 ºF).

El verano (julio y agosto) es la estación más popular para visitar Creta.

Horarios

Los horarios comerciales en Creta pueden resultar poco convencionales. Use los horarios que proporciona este libro solo como una guía. La mayoría de las tiendas están abiertas de 9.00 a 14.00 de lunes a sábados. Los martes, jueves y viernes también abren de 17.30 a 20.30. En los complejos turísticos las tiendas suelen abrir más tiempo en verano, algunas veces hasta las 22.00

Los bancos abren de 8.00 a 14.00 de lunes a jueves; y de 8.00 a 13.30 los viernes.

Los grandes yacimientos arqueológicos estatales y los museos abren de 8.00 a 20.00 en verano; muchos cierran los martes. La última entrada siempre es 20 minutos antes del cierre.

Los monasterios, conventos e iglesias generalmente abren con la luz del día, pero cierran durante 2 o 3 horas por la tarde.

Los bancos, establecimientos y tiendas cierran en los festivos nacionales griegos: Día de año Nuevo (1 ene), Epifanía (6 ene), Lunes Limpio, Día de la Independencia (25 mar), Viernes Santo, Domingo de Pascua, Día del Trabajo (1 may), Lunes de Pentecostés, La Asunción (15 ago), Día del No (28 oct), Navidad (25 dic) y San Esteban (26 dic).

La pandemia de **COVID-19** demostró que todo puede cambiar repentinamente. Antes de visitar museos, monumentos u otros lugares de interés consulte los horarios actualizados y las formalidades de reserva.

Información turística

La oficina de la **Organización Nacional de Turismo de Grecia** en Herakleion ofrece mapas, horarios de autobuses e información sobre lugares de interés. La página web de la **Región de**

Creta también está llena de información útil.

Para obtener información general sobre las islas griegas hay que visitar la página web **Greece Is.** El sitio oficial del ministerio de cultura ofrece información sobre yacimientos arqueológicos, monumentos y museos nacionales, incluido horarios.

Idioma

La lengua oficial es el griego. No se habla demasiado inglés, español ni otras lenguas, sobre todo en zonas rurales.

Impuestos y devoluciones

Normalmente, en Grecia el tipo de IVA (en griego, FPA) incluido en las compras es del 24 por ciento, aunque a la comida en restaurantes se aplica un 13 por ciento. Los turistas de países no miembros de la UE que permanezcan menos de tres meses pueden solicitar la devolución de este impuesto sobre compras superiores a 120 €. Hay que cumplimentar un formulario en la tienda, del que, junto con la factura, hay que entregar copia en la aduana al abandonar el país.

Dónde comer

La hora de comer varía entre las 13.30 y las 16.00, mientras que la cena generalmente comienza después de las 20.30 y pueden durar hasta medianoche.

Una *taverna* es un restaurante informal y barato

que sirve platos tradicionales y su decoración es rústica.

Entre los demás restaurantes encontramos los *mezedopoleio*, que sirven pequeños platos de *mezedes* (sabrosos aperitivos), con garrafas de vino y *raki/tsikoudia*; y los *psistaria*, especializados en carnes asadas y a la parrilla, especialmente salchichas, chuletas y rostizados. En los *gyradiko*, o *souvlatzidiko*, se venden los populares *gyros* o *souvlaki* envueltos en pan de pitta para llevar.

Alojamiento

Creta ofrece desde complejos vacacionales de lujo a hostales para mochileros. La mayor concentración de hoteles de cinco estrellas, que tienen playas y *spas*, es en Elounda, cerca de Agios Nikolaos al Este de Grecia. Los hoteles de diseño de La Canea y Rethymnon pueden encontrarse en edificios de la época veneciana y tener muebles de época. Los apartamentos independientes ofrecen mayor libertad y flexibilidad. Para escapar de las multitudes opte por un hotel de pueblo lejos de los complejos de la costa, o para saborear de verdad la vida rural, quédese en una estancia de agroturismo, donde una granja en funcionamiento ofrece alojamiento comidas, generalmente preparadas con productos de producción propia.

Las tarifas dependen de la oferta y la demanda, y en temporada alta (jul-sep) se cobran mayores precios. Los precios

de las habitaciones casi siempre incluyen el desayuno. Entre las páginas web para encontrar hoteles más fiables se encuentran **Booking.com** y **The Hotel Guru** para hoteles y **HostelWorld** para hostales y opciones baratas. Para apartamentos y habitaciones **Airbnb.**

INFORMACIÓN

TELÉFONOS MÓVILES Y WIFI

Cosmote
ⓦ cosmote.gr

NOVA
ⓦ nova.gr

Vodafone
ⓦ vodafone.gr

CORREOS

Oficina Central de La Canea
MAPA D2 ▪ Peridou 10

Correo Helénico (ELTA)
ⓦ elta.gr

Oficina Central de Herakleion
MAPA T3 ▪ Platia Daskalogianni 1

Oficina Central de Rethymnon
MAPA F3 ▪ Moatsou 19

INFORMACIÓN PARA EL VISITANTE

Greece Is
ⓦ greece-is.com

Organización Nacional de Turismo de Grecia
ⓦ visitgreece.gr

Región de Creta
ⓦ incrediblecrete.gr

ALOJAMIENTO

Airbnb
ⓦ airbnb.com

Booking.com
ⓦ booking.com

HostelWorld
ⓦ hostelworld.com

The Hotel Guru
ⓦ thehotelguru.com

Dónde alojarse

De lujo

Avra Imperial
MAPA C2 ▪ Kolymvari ▪ 28240 84500 ▪ www. avraimperial.gr ▪ €€€
Con vistas a una playa de arena y a una gran piscina rodeada de palmeras, es uno de los mejores complejos vacacionales del oeste de Creta. Tiene 328 habitaciones y *suites*, un lujoso *spa* en el que se usan productos de belleza Apivita y un club infantil.

Blue Palace Resort and Spa
MAPA N4 ▪ Plaka, Elounda ▪ 28410 65500 ▪ www.bluepalace.gr ▪ €€€
Ofrece una excelente mezcla entre *suites* de lujo, *bungalows* y villas con *spa*, centros de salud, piscinas cubiertas y al aire libre, campos de tenis y deportes acuáticos.

Creta Maris Beach Resort
MAPA M4 ▪ Limin Hersonissos ▪ 28970 27000 ▪ www.metaxa hospitality.gr ▪ €€€
Situado en la playa, el Creta Maris busca proporcionar una atmósfera de pueblo, con caminos sinuosos que recorren sus exuberantes terrenos, más allá de ser una mezcla de *bungalows*, *suites* y habitaciones. El complejo tiene un lujoso *spa* y ofrece actividades como baile y cocina cretense.

Daios Cove Luxury Resort
MAPA N4 ▪ Vathi, Agios Nikolaos ▪ 28418 88019 ▪ www.daioscovecrete. com ▪ €€€
Todas las habitaciones y *suites* tienen vistas al mar y las villas a la piscina privada. También ofrecen deportes acuáticos en la playa, canchas de tenis, un *spa* y club infantil.

Domes of Elounda
MAPA N4 ▪ Elounda ▪ 28410 43500 ▪ www. domesresorts.com ▪ €€€
Conocido por su lujo, está pensado para parejas y familias, con zonas solo para adultos y club infantil. Ofrece *suites*, residencias privadas y villas. Tiene playa, un *spa* y cuatro restaurantes.

Elounda Mare Hotel, Relais and Chateau
MAPA N4 ▪ Al sur de Elounda ▪ 28410 68200 ▪ www.eloundamare.com ▪ €€€
Las 96 estancias de este hotel comprenden habitaciones dobles, *bungalows* y *suites* con piscina privada. Las instalaciones del hotel incluyen un campo de golf de nueve hoyos, un *spa* y deportes acuáticos.

Elounda Peninsula
MAPA N4 ▪ Al sur de Elounda ▪ 28410 68250 ▪ www.eloundapeninsula. com ▪ €€€
Situado en su propia península privada, este hotel tiene *suites* dúplex, así como villas más grandes con piscina privada. Las instalaciones incluyen un *spa*, pistas de tenis y club para niños.

Grecotel Creta Palace
MAPA F3 ▪ Misiria ▪ 28310 55181 ▪ www. cretapalace.com ▪ €€€
Tiene en su edificio principal 162 habitaciones. También ofrece *bungalows* y villas. Hay varias piscinas, pistas de tenis y una amplia gama de actividades para niños, así como deportes acuáticos.

Minoa Palace Resort & Spa
MAPA C2 ▪ Agia Marina ▪ 28210 36500 ▪ www. minoapalace.gr ▪ €€€
Cerca de Platanias y La Canea, el Minoa Palace tiene habitaciones, *suites* y *bungalows*, algunos con piscina privada.

Minos Beach Art Hotel
MAPA N4 ▪ Agios Nikolaos ▪ 28410 22345 ▪ www.minosbeach.com ▪ €€€
Los *bungalows* de este complejo hotelero de tamaño medio están rodeados de tranquilos jardines con vistas al golfo de Mirabello. A un corto paseo del centro, tiene sus propias playas de arena y calas de piedra.

Out of the Blue Resort and Spa
MAPA K3 ▪ Agia Pelagia, Herakleion ▪ 28108 11112 ▪ www.capsis.com ▪ €€€
Situado en un promontorio privado, este complejo hotelero de cinco estrellas tiene sus propia playa, una

enorme piscina, club para niños, restaurantes y bares. Ideal para grupos o familias que buscan una villa exclusiva.

St Nicolas Bay Resort

MAPA N4 ▪ Península de Nisi ▪ 28410 90200 ▪ www. stnicolasbay.gr ▪ €€€
Este galardonado complejo hotelero, justo a las afueras de Agios Nikolaos, que tiene habitaciones bien equipadas, *suites*, villas y tres restaurantes. También ofrecen actividades acuáticas.

Galaxy Hotel Heraklion

MAPA U3 ▪ Dimokratias 75 ▪ 2810238812 ▪ €€
Uno de los pocos hoteles en la ciudad con piscina, este lujoso cinco estrellas también cuenta con gimnasio, dos restaurantes y un magnífico servicio de desayuno, además de estar ubicado junto al puerto y el centro de Herakleion.

Hoteles de diseño

Alcanea Boutique Hotel

MAPA A5 ▪ Angelou 2, La Canea ▪ 28210 75370 ▪ Cerrado en invierno ▪ www.ariahotels.gr ▪ €€
Situado en el puerto, encima el Museo Naval, este hotel era la antigua oficina de Eleftherios Venizelos, personaje célebre de la rebelión cretense. Las habitaciones están pintadas con relajantes tonos pasteles y tienen vistas al puerto y el mar.

Avli Lounge Suites

MAPA Q2 ▪ Rethymnon ▪ 28310 58250 ▪ Abre todo el año ▪ www.avli.gr ▪ €€
Muy céntrico, dispone de doce *suites*, algunas con *jacuzzi* o terraza, distribui-

das a lo largo de tres edificios de la época veneciana. Se sirve el desayuno en patio del restaurante. Al lado hay un *mezedopoleio*, el Raki Ba Raki.

Casa Leone Hotel

MAPA D2 ▪ Parodos Theotokopolou 18, La Canea ▪ 28210 76762 ▪ www.casa-leone.com ▪ €€€
La Casa Leone ha sido restaurada con mimo, tiene detalles de época como los espejos venecianos, antigüedades y muebles clásicos de imitación.

Casa Vitae

MAPA Q2 ▪ Neophytou Patelarou 3, Rethymnon ▪ 28210 35058 ▪ www. casa-vitae.gr ▪ €€
El edificio es de la época veneciana y tiene un patio en donde se sirven los desayunos. Las paredes de las habitaciones son de piedra vista, los suelos de baldosa y los techos son de vigas de madera. Algunas tienen cama con dosel, balcón o jacuzzi en el baño.

Mythos Suites

MAPA F3 ▪ C12 Plateia Karaoli, Rethymnon ▪ 28310 53917 ▪ www. mythoshotelsuites.com ▪ €€
Este hotel ocupa dos edificios venecianos del siglo XVI unidos. Tiene un patio central con piscina. Las habitaciones de la planta baja dan a un porche y las de los pisos superiores tienen balcones de madera.

Palazzino di Corina

MAPA Q1 ▪ Damvergi 7-9, Rethymnon ▪ 28310 21205/06 ▪ www.pandora suites.com ▪ €€
Esta mansión veneciana en el casco antiguo tiene

29 habitaciones pequeñas y *suites*, algunas con baño de hidromasaje y cama con dosel. En su patio encantador hay una pequeña piscina, tiene un bar muy animado que da a la calle y un excelente restaurante.

Pandora Suites

MAPA D2 ▪ Lithinon 29, La Canea ▪ 28210 43588 ▪ www.pandorasuites. com ▪ €€
Tiene unas elegantes *suites* para dos o cuatro personas. Algunas dan a un patio interior y otras miran al mar. Todas tienen balcón y altos ventanales. Además, se puede desayunar en su azotea ajardinada, con vistas al viejo puerto veneciano y al faro.

Ambassador's Residence Boutique Hotel

MAPA D2 ▪ Akti Tompazi 29-30, La Canea ▪ 28216 00855 ▪ www. ambassadorsresidence chania.com ▪ €€€
Situado en un edificio del siglo XIX con vistas al puerto, tiene nueve *suites* modernas y elegantes, cada una inspirada en un material distinto: madera, cerámica o vidrio. Algunas tienen terraza o *jacuzzi*.

Casa Delfino

MAPA D2 ▪ Theofanous 9, La Canea ▪ 28210 93098 ▪ www.casadelfino.com ▪ €€€
Esta casa veneciana construida a principios del siglo XVII fue lujosamente restaurada por uno de los descendientes del primer Delfino y ahora es el lugar más exclusivo de La Canea. Sus 24 *suites* son únicas, algunas tienen un *haman*

o el techo abovedado, un balcón o incluso terraza en la azotea. Cuenta con tienda de regalos y *spa*.

Kapsaliana Village Hotel

MAPA G4 ■ Kapsaliana, cerca de Arkadi ■ 28310 83400 ■ www.kapsaliana village.gr ■ €€€
12 típicas viviendas típicas reconvertidas en casas de huéspedes con comodidades modernas como wi-fi o reproductores DVD. También tiene piscina, restaurante y una vieja prensa de aceitunas.

La Maison Ottomane

MAPA A5 ■ Parodos Kanevarou 32, La Canea ■ 28210 08796 ■ www. lamaisonottomane.com ■ €€€
Solo tiene tres elegantes habitaciones decoradas con antigüedades y obras de arte. Lujos modernos como máquinas de café en la habitación y *tablets*. El desayuno y las copas se sirven en un bonito patio.

Villa Andromeda

MAPA D2 ■ Elefitheriou Venizelou 150, La Canea ■ 28210 28300 ■ Cerrado nov-mar ■ www. villandromeda.gr ■ €€€
Esta mansión neoclásica tiene ocho *suites* con pisos de madera, muchas con balcones, techos pintados en las zonas comunes y una piscina ajardinada.

Hoteles en la playa

Alianthos Garden Hotel

MAPA F4 ■ Plakias ■ 28320 31280 ■ www. hotelalianthos.com ■ €€
A una manzana de una de las mejores playas de Creta, este hotel regenta-

do por una familia es el mejor de Plakias. Tiene una piscina para niños, otra normal con un bar, así como un supermercado y un restaurante.

Ammos Hotel

MAPA C2 ■ Agioi Apostoli ■ 28210 33003 ■ www. ammoshotel.com ■ Cerrado dic-mar ■ €€
Este elegante hotel al oeste de La Canea está decorado con objetos de diseño y obras de arte. Tiene *suites* y 33 estudios, casi todos con vistas al mar. Su restaurante abre todo el día, tiene piscina, sala de masaje, gimnasio y sala de juegos.

Corinna Mare

MAPA D2 ■ Kalamaki, Nea Kydonia ■ 28210 31767 ■ www.corinna.gr ■ €€
Al oeste de La Canea, este hotel tiene 49 habitaciones, *suites* y apartamentos. Hay un restaurante, dos piscinas al aire libre, sauna, gimnasio, servicio de canguro y de masajes.

Iberostar Creta Panorama & Mare

MAPA G3 ■ Panormos ■ 28340 51502 ■ www. iberostar.com ■ €€
Sus cuatro piscinas al aire libre, otra cubierta, seis pistas de tenis, sauna y actividades acuáticas hacen de este complejo de playa en uno de los mejores de Creta para tener unas vacaciones activas. Los alojamientos son en *suites* o *bungalows*.

Irini Mare

MAPA G5 ■ Playa principal, Agia Galini ■ 28320 91051 ■ www. irinimare.com ■ €€
Un pequeño hotel de gestión familiar ubicado en un

sitio tranquilo. Tiene piscina y un parque infantil. La mayoría de las habitaciones y *suites* tienen balcón con vistas al mar. Su desayuno bufé es excelente. Hay tarifas de media pensión.

Kalyves Beach Hotel

MAPA E2 ■ Kalyves ■ 28250 31285 ■ www. seacretehotels.com/ kalyvesbeachhotel ■ €€
Entre dos playas de arena en la bahía de Souda. Sus 150 habitaciones están distribuidas en dos alas, cada una con su piscina. Tiene un coqueto restaurante con terraza junto al río y fácil acceso a la playa.

Porto Loutro Hotel

MAPA D4 ■ Loutro, Anopoli ■ 28250 91433 ■ No se admiten tarjetas de crédito ■ www.hotel portoloutro.com ■ €€
Este hotel, tiene 36 habitaciones (más cuatro estudios sin pensión) distribuidas en dos edificios, en distintas partes del pueblo. No están permitidos los niños menores de siete años.

Sitia Bay Hotel

MAPA Q4 ■ Patriarhou Vartholomeou 27/Tritis Septemvriou 8, Sitia ■ 28430 24800 ■ www. sitiabay.com ■ €€
Este hotel tiene 19 estudios y *suites* con su propia cocina y balcones con vistas al mar. Las instalaciones incluyen una terraza en la azotea y wi-fi gratis. También tiene un pequeño gimnasio, sauna y una piscina con hidromasaje.

Pilot Beach Resort

MAPA E3 ■ Georgioupolis ■ 28250 61901 ■ www. pilot-beach.gr ■ €€€
Posee numerosas instalaciones deportivas y pisci-

nas. También ofrecen muchas y divertidas actividades para niños. Disfrute de la comida y la vida nocturna en sus cuatro restaurantes y tres bares.

Hoteles rurales

Cabañas Aspros Potamos

MAPA P5 ■ Aspros Potamos, Makrygialos, Ierapetra ■ 28430 51694 ■ No tiene aire acondicionado ■ www.aspros potamos.com ■ €

Estas cabañas de pastor tienen suelos de piedra, techos de madera y chimenea. Están ubicadas en un bosquecillo de pinos, olivos y algarrobos. Aunque el alojamiento no incluye las comidas, le pueden servir desayuno si lo solicita con antelación. También tienen una pequeña piscina.

The Blue House

MAPA D4 ■ Loutro ■ 28250 91035 ■ €

Los balcones de este hotel dan a la bahía y a las laderas de las montañas Blancas. Está muy bien situada para hacer una parada de una noche de camino hacia Agia Roumeli y las gargantas de Samaria.

Corali Studios y Portobello Apartments

MAPA N4 ■ Akti Posidonos, Elounda ■ 28410 41712 ■ www. coralistudios.com ■ €

Estos estudios y apartamentos regentados por una familia están a un corto paseo del centro de la ciudad. Tienen jardines y piscina, fácil acceso a la playa y actividades acuáticas.

Hotel Marina

MAPA H4 ■ Calle principal, Anogeia ■ 28340 31817 ■ €

Esta hostería tiene 16 apartamentos, cuatro de ellos más grandes para familias. Cada uno tiene cocina, televisor, balcón con vistas a las montañas de Psiloritis y chimenea.

Keramos Studios

MAPA J5 ■ Zaros ■ 69705 79395 ■ www.studio keramos-zaros.gr ■ €

Esta casa de huéspedes es famosa por sus desayunos. La gestiona una familia y es un sitio acogedor. Tiene 18 habitaciones con lo básico, pero son cómodas y con balcón.

Habitaciones Terramara

MAPA B2 ■ Plakalona, Kissamos ■ 69406 94904 ■ No se admiten tarjetas de crédito ■ www. terramaracrete.com ■ €

Ofrece unas vistas espectaculares del golfo de Kissamos. Las instalaciones incluyen una piscina, zona para barbacoas, un bar y servicio de lavandería. Hay cuatro habitaciones interconectadas entre ellas, ideales para familias.

Arolithos

MAPA J4 ■ Arolithos, Servili, Tylissos ■ 2810 821050 ■ www.arolithos. com ■ €€

En este complejo de casas de piedra puede participar en diferentes actividades relacionadas con la artesanía tradicional como cerámica, pintar iconos, cestería y bordado. En el restaurante todas las noches hay actuaciones de música y bailes folclóricos.

Monastery Estate Guesthouse

MAPA C4 ■ A 4 km de Moni, Sougia ■ 28230 51344 ■ www.monastery estate.com ■ €€

Cerca de Sougia, en las montañas, este conjunto de casas del siglo XIX ahora son cinco lujosos apartamentos. Cada uno tiene su propia cocina y terraza.

Casas de campo Koutsonari

MAPA N6 ■ Koutsounari, a 9 km de Ierapetra ■ 28420 61815 ■ Algo de aire acondicionado ■ www. traditionalcottages.gr ■ €€

En este pueblo vacacional en la ladera de una montaña, las cabañas y estudios son de piedra y están completamente modernizados. Todos tienen porche o jardín. A lado hay una piscina y una taberna.

Rodanthi Guesthouse

MAPA E3 ■ Kastellos, Apokoronas ■ 28210 58500 ■ www.rodanthi hotel.gr ■ €€

El jardín está amurallado, tiene una piscina grande y barbacoa. Sus cuatro habitaciones tienen muebles de época y hay una cocina en donde los huéspedes se pueden preparar su propio desayuno.

Villa Archanes

MAPA K4 ■ Ano Archanes ■ 69724 43466 ■ www. villaarchanes.gr ■ €€

Esta mansión de piedra de 1890 ubicada en una zona de viñedos al sur de Herakleion es una buena base para visitar bodegas. Tiene seis apartamentos (para 2 y 5 personas), una piscina, barbacoa y un gimnasio. También hay servicio de masajes previa solicitud.

Precios ver p. 128

Villa Kerasia

MAPA J4 ■ Vlachiana ■ 2810 791021 ■ www. villa-kerasia.gr ■ €€
Esta acogedora villa con jardín y piscina se encuentra a unos 15 km al interior desde Herakleion. Tiene siete habitaciones, algunas con cama con dosel.

Apartamentos con cocina

Anna View Apartments

MAPA F4 ■ Myrthios ■ 697 3324 775 ■ Abierto todo el año ■ www. annaview.com ■ €
Estos apartamentos familiares construidos en madera y piedra tienen unas vistas espectaculares sobre la bahía de Plakias. Muy bien decorados, tienen su propia cocina, televisión satélite y wi-fi.

Bay View Apartments

MAPA Q4 ■ Petras, Sitia ■ 28430 24333 ■ No se aceptan tarjetas de crédito ■ No hay aire acondicionado ■ En invierno se alquila por meses ■ bayview-apartments.gr ■ €
Situados cerca de la principal playa de Sitia, estos siete apartamentos tienen bonitos muebles y magníficas vistas a la bahía y la ciudad.

Lefka Apartments

MAPA D2 ■ Odos Omirou, La Canea ■ 28210 73310 ■ www.lefka-apartments. gr ■ €
Justo a las afueras de La Canea, muy cerca de algunas hermosas playas, este apartotel tiene jardín, una piscina de forma irregular y un bar cafetería. Los ocho estudios y apartamentos (para dos o cuatro personas) tienen lo básico, así como cocina y balcones.

Aldea Metohi Vaï

MAPA R4 ■ Al sur de la playa de Vaï ■ 28430 61071 ■ En el momento de publicación de esta guía se encuentra cerrado ■ €
Esta es la única posibilidad de alojamiento cerca de la playa de palmeras de Vaï. Sus siete apartamentos eran antiguos refugios de pastores reconvertidos en cómodas viviendas con cocina y altos arcos. Algunos tienen chimenea.

Apartamentos Paul-Eva

MAPA M4 ■ Sokratous 15, Koutouloufari, Hersonissos ■ 28970 23358 ■ €
Con precios muy asequibles y a solo 1 km de la playa, cada apartamento tiene las comodidades básicas y su propio balcón. La piscina es compartida.

Apartamentos tradicionales Stella

MAPA R5 ■ Kato Zakros ■ 28430 23739 ■ www.stelapts.com ■ €
Stella ofrece estudios construidos en piedra y mobiliario tradicional para dos o cuatro personas, o apartamentos más grandes, en la zona de la Terra Minoika.

Villa Anna

MAPA B4 ■ Paleochora ■ 2810 346428 ■ No se admiten tarjetas de crédito ■ www.villaanna-paleochora.com ■ €
Este conjunto de ocho apartamentos está situado en medio de unos amplios jardines. Los hay de uno o dos dormitorios. Todos tienen sala de estar, cocina y porche. También hay una zona de juegos para niños.

Hotel Aptera

MAPA D2 ■ Aptera, Apokoronou, La Canea ■ 69793 91308 ■ No se admiten tarjetas de crédito ■ Desayuno disponible con cargo adicional ■ www. aptera-lodge.com ■ €
Los estudios están bien equipados y hay apartamentos de uno o dos dormitorios. Están cerca de la antigua Aptera y tienen vistas a la bahía de Souda y los Montes Blancos.

Elounda Water Park Residence

MAPA N4 ■ Odos Emmanouil Pouli, Schisma, Elounda ■ 28410 41823 ■ www.eloundaresidence. gr ■ €€
Ubicado en unos frondosos jardines, a 15 minutos caminando del centro de Elouda, este complejo tiene un parque acuático y un plan de comidas todo incluido. Ofrece apartamentos y casitas.

Natalia's Houses

MAPA E3 ■ Douliana ■ 28250 23356 ■ www. nataliashouses.gr ■ €€
Este sitio encantador tiene cuatro casitas reformadas de piedra (dos de ellas con chimenea) que pueden alojar a tres o seis personas. Tienen cocina. Hay una tienda, piscina, bar y zona de barbacoa. Desde aquí los huéspedes pueden disfrutar de vistas a los Montes Blancos.

White River Cottages

MAPA P5 ■ Aspros Potamos, Makrygialos ■ 28430 51120 ■ www. whiterivercottages.com ■ €€
Este romántico retiro elegante y bohemio está rodeado de bosques. Sus 15 casitas de campo

están construidas en las rocas, tienen suelos de piedra, techos de madera, cocina y capacidad para dos o cuatro personas. En el centro hay una gran piscina.

Retiro de Yiannis
MAPA R5 ▪ Kato Zakros, 500 m hacia el interior ▪ 28430 25726 ▪ www. katozakros-rooms.com ▪ €€
En un exuberante jardín con palmeras, hamacas y una zona para barbacoas, estos cinco estudios tienen los muros de piedra vista, suelos de terracota, techos con vigas de madera, muebles tradicionales y una pequeña cocina.

Agroturismo

Argoulias
MAPA M4 ▪ Tzermiado ▪ 69722 34275 ▪ www. argoulias.gr ▪ €
Está compuesto por once apartamentos construidos en piedra y un rústico restaurante que sirve desayunos. Organiza excursiones de senderismo y visitas a una granja de la zona, en la meseta de Lasithi.

Ktima Orgon
MAPA L4 ▪ Apostoli ▪ 69748 91750 ▪ www.orgonfarm.gr ▪ €
En medio de unos olivares y a unos 35 minutos en coche desde Herakleion, esta casa rural familiar en régimen de autoservicio situada en un olivar ecológico puede acoger hasta a seis personas. Los huéspedes pueden aprender a elaborar productos locales como melaza de uva, vino, raki y jabón y bálsamos a base de aceite.

Lasinthos Eco Park
MAPA M5 ▪ Agios Georgios ▪ 28440 89101 ▪ www.lasinthos.gr ▪ €
Situado en la meseta de Lashithi, este parque ecológico tiene 20 apartamentos y un restaurante. Es ideal para familias con niños. Ofrecen talleres de artesanía y dar de comer a los animales.

Milia Mountain Retreat
MAPA B3 ▪ Milia, Vlatos ▪ 28210 46774 ▪ www. staging7.milla.gr ▪ €
En un valle boscoso al que se accede por una pista difícil y sinuosa, el Milia ofrece 13 habitaciones en casas restauradas de piedra. Se calientan con estufas de leña, el agua es de manantial y tienen paneles solares. En la taberna de Milia sirven delicias locales.

Mourtzanakis Residence
MAPA K3 ▪ Achlada ▪ 2810 812096 ▪ www.ecotourism greece.com ▪ €
En las montañas que hay detrás de Agia Pelagia, este acogedor centro ecoturístico, ofrece unas modernas casas construidas para este fin. Tiene dos pequeñas piscinas (niños/adultos). Existe la opción de hacer las comidas comunales.

Pueblo tradicional y ecoturista de Thalori
MAPA K6 ▪ Kapetaniana ▪ 28930 41762 ▪ www.thalori.com ▪ €
Este retiro campestre, situado en las montañas de detrás de la costa sur, ofrece 20 estudios y cabañas de piedra vista y techos con vigas de madera. También hay una taberna que utiliza productos locales. Thalori es una buena base para hacer senderismo y visitar las playas cercanas.

Dalabelos
MAPA G3 ▪ Angeliana ▪ 28340 22155 ▪ www. dalabelos.gr ▪ €€
Esta granja tiene viñedos y un huerto, ademas de cabras, gallinas y un burro. Está construida de piedra y tiene 10 apartamentos de una habitación, un restaurante que sirve su propio vino y piscina.

Eleonas
MAPA H5 ▪ Zaros ▪ 28940 31238 ▪ www.eleonas.gr ▪ €€
Esta granja tiene campos de olivos, 20 cabañas de piedra, una piscina al aire libre, bicicletas para alquilar y una excelente taberna en la que sirven platos hechos con productos locales (ver p.97). Está situada en un encantador paraje rural.

Enagron Country Village
MAPA H4 ▪ Axos Mylopotamou ▪ 28340 61611 ▪ www.enagron.gr ▪ €€
En medio de exuberantes viñedos y olivares, este complejo de ecoturismo tiene 32 apartamentos de piedra y madera construidos para este fin Tiene una taberna, café, spa y piscina al aire libre.

Casitas rurales Vamos
MAPA E3 ▪ Vamos, Apokoronas ▪ 28250 22190 ▪ www.vamos village.gr ▪ €€
Situado en un antiguo pueblo abandonado, sus casas de piedra y cabañas han sido restauradas con mimo. Las que son de tamaño familiar también tienen piscina. Organizan cursos de cocina, visitas a las almazaras y bodegas y salidas de senderismo.

Precios ver p. 128

Índice general

Agradecimientos

Edición actualizada por

Colaboración Gabi Ancarola

Edición sénior Dipika Dasgupta, Zoë Rutland

Diseño de proyecto sénior Vinita Venugopal

Edición de proyecto Lucy Sara Kelly

Asistencia en documentación fotográfica Manpreet Kaur

Documentación fotográfica Nishwan Rasool

Iconografía de cubierta Jordan Lambley

Diseño de cubierta Divyanshi Shreyaskar

Cartografía sénior Subhashree Bharati

Cartografía Suresh Kumar

Diseño DTP sénior Tanveer Zaidi

Producción sénior Jason Little

Producción Samantha Cross

Responsables editoriales Shikha Kulkarni, Beverly Smart, Hollie Teague

Edición de arte sénior Priyanka Thakur

Dirección de arte Maxine Pedliham

Dirección editorial Georgina Dee

DK quiere agradecer su contribución a la edición anterior de este libro a las siguientes personas: Robin Gauldie, Jane Foster, Laura Walker, Helen Peters.

Créditos fotográficos

Los editores agradecen a las siguientes entidades su amabilidad al conceder el permiso necesario para reproducir sus fotografías:

Leyenda: a-arriba; b-abajo; c-centro; l-izquierda; r-derecha; t-arriba del todo.

123RF.com: Guillermo Avello 98-99; dziewul 4cl, 26-27, 44tl; freeartist 115b; Olga Gavrilova 3tr, 120-121; Patryk Kośmider 16-17.

4Corners: Reinhard Schmid 20-21, 79cl, SIME /Johanna Huber 101tl, /Ugo Mellone 64b, / Riccardo Spila 7t, 61tr, 115cr.

Abea Deli: 107br.

Alamy Stock Photo: AegeanPhoto 10cla; age fotostock 67bl; ART Collection 52b; dpa picture alliance archive 67tr; Peter Eastland 63br; Peter Forsberg 16cl; Hackenberg-Photo-Cologne 18cr, 45br, 48b, 51cl, 68tl, 72bl, 74-5, 75cl, 76t, 77clb, 80tr, 84tl, 91cla, 112tr; Hemis 60cr; Peter Horree 52tl; ImageBROKER 50tl, 55bl; IML Image Group Ltd 73tr; INTERFOTO 40bl; Joana Kruse 88ca; Tony Lilley 12cl; Hercules Milas 2tr, 4crb, 6tr, 13clb, 17tl, 19br, 24cr, 31tl, 32clb, 32-33, 33bl, 38-39, 47tl, 56b, 65cla, 70bl; Pacific Press 56tl; Anthony Palmer 71tl;

Photo 12 53tl; PjrTravel 21tl, 52c; Tim Rainey 118tr; Stefano Ravera 83clb; SagaPhoto.Com /Forget Patrick 45cl; Marco Simoni 10c; Charles Stirling (Travel) 57cl; TravelCollection 82t; Georgios Tsichlis 13cr; Tony Watson 26br; Zoonar GmbH 63cl.

Athos Workshop: 107c.

Avli: 72t, 109bl.

AWL Images: Walter Bibikow 28-29; Christian Heeb 28crb; ImageBROKER 29crb, 114clb; Katja Kreder 61b, 69cl; Doug Pearson 29br.

Depositphotos Inc: Arsty 100tl; juliane33 11ca.

Dreamstime.com: 88and84 83tr; Rostislav Ageev 15bl; Alp Aksoy 70tl; Alexxich 47b; Anilah 22, 111br; Arenaphotouk 11crb, 36-37; Arsty 2tl, 8-9, 10b, 17cl, 43tr; Artcasta 58-59; Asafta 43c; Mila Atkovska 4b, 6cl, 36bl; Banepetkovic 12-13; Ccat82 37crb; Anton Chygarev 111tl; Chasdesign1983 1; Dbyjuhfl 11bl; Dudlajzov 90c; Dziewul 4cla, 11tr, 11cra, 30cla, 64tl, 81cl, 102cla; Ej Rodríquez Photography 34cl, 35bl; Inna Felker 74tr, 75tr; Evgeniy Fesenko 27br; Flavijus 105cla; H368k742 4cra; Bensliman Hassan 27tl; Gabriela Insuratelu 11clb, 55tl; Gorelovs 108t; Panagiotis Karapanagiotis 4clb, 29tl, 31crb, 65br; Pavel Kavalenkau 20cl; Denis Kelly 10cra; Kokixx 85cla; Patryk Kosmider 84-5, 110cla; Sergii Koval 77tr; Ksya 51tr; Lornet 94tl; Lucianbolca 18b, 93b; Artur Maltsau 12br; Miradrozdowski 92cla; Mirc3a 102-103; Mnf1974 62cl; Naturefriend 66bc; Nomadbeg 18tl; Alessio Orrù 71cl; Anna Pakutina 14t, 19tl, 19c, 48c; Marek Poplawski 58tl; Singidavar 3tl; Maria Sokor 76br; Smallredgirl 85tr; Theripper 67cla; Tupungato 21cl; Tuulijumala 43b; Vitmark 47cra; David Watmough 37tl; Xiaoma 40t, 71br, 90tl; Zaramira 33tl, 89tr.

Eleaons, Zaros: 97cr.

Flakatoras Ceramics: 106tl.

Getty Images: DEA /Archivio J. Lange 24cl, 27c, 49c, 53br; De Agostini / Archivio J. Lange 42clb; Dosfotos / Design Pics 78b; Hulton Archive / Keystone 41clb; Bastian Parschau 81br; Print Collector 41c, 54t; Javier Fernández Sánchez 66clb; Universal History Archive 14clb; UniversalImagesGroup 41tr.

Getty Images/iStock: fotokon 63t; FrankvandenBergh 114tr; gionnixxx 25crb; Gatsi 34-35c; jlazouphoto 35tr; Vladimirs_ Gorelovs 116b; lucianbolca 80b; PanosKarapanagiotis 4t; PaulCowan 25tl; Saro17 30bl; stamkar 69br; VladimirSklyarov 68b, 112-113.

Kaaren's, Elounda: 118crb.

Municipality of Chania: 49cla.

Nikos Siragas: 79br.

Ourios Ceramics: 106c.

Shutterstock.com: Stefanos Rapanis /EPA 82clb; T photography 57tr; Georgios Tsichlis 104b.

Robert Harding Picture Library: Stuart Black 15cr; Maria Breuer 59cra.

Scalani Hills Boutari Winery & Residences: 95cl.

SuperStock: age fotostock /Peter Erik Forsberg 96t; /Phil Robinson 78tl; Albatross 46clb; Album /Oronoz 54c; BEW Authors / BE&W 44b; Katja Kreder / imageBROKER 119bl; Juniors 66tl.

Terra Zakros: 117 cr

Veneto, Rethymno: 73clb.

Cubierta

Delantera y lomo: **Dreamstime.com:** Chasdesign1983.

Trasera: **Alamy Stock Photo:** imageBROKER tl; Jan Wlodarczyk cla;
Dreamstime.com: Chasdesign1983 b;
Getty Images/iStock: Anna_Jedynak crb;
Robert Harding Picture Library: Neil Farrin tr.

Mapa desplegable

Dreamstime.com: Chasdesign1983

El resto de imágenes: © Dorling Kindersley.
Para más información visite www.dkimages.com

Documentación fotográfica Robin Gauldie, Rough Guides / Geoff Garvey, Tony Souter

DK Penguin Random House

De la edición en español
Servicios editoriales Moonbook
Traducción DK
Coordinación editorial Cristina Gómez de las Cortinas
Dirección editorial Elsa Vicente

Impreso y encuadernado en China

Publicado originalmente en
Gran Bretaña en 2003
por Dorling Kindersley Limited,
One Embassy Gardens, 8 Viaduct
Gardens, London SW11 7BW

Copyright 2003, 2024 © Dorling
Kindersley Limited
Parte de Penguin Random House

Título original Eyewitness Travel
Top 10 Crete
Octava edición, 2025

ISBN 978-0-241-72574-0

MIXTO
Papel | Apoyando la
silvicultura responsable
FSC
www.fsc.org   **FSC™ C018179**

Este libro se ha impreso con papel
certificado por el Forest Stewardship
Council™ como parte del compromiso
de DK por un futuro sostenible.
Para más información, visita
www.dk.com/our-green-pledge

Frases útiles

Urgencias

¡Socorro!	Voítheia!	vo-ee-theea!
¡Deténgase!	Stamatíste!	sta-ma-tee-steh!
¡Llamen a un médico!	Fonáxte éna giatró!	fo-nak-steh e-na ya-tro!
Llamen a una ambulancia/ la policía/ los bomberos	Kaléste to asthenofóro/ tin astynomía/tin pyrosvestikí!	ka-le-steh to as-the-no-fo-ro/ teen a-sti-no-the mía/teen pee-ro-zve-stee-kee!
¿Dónde está el teléfono/ hospital/ farmacia más cercana?	Poú eínai to plisiéstero tiléfono/ nosokomeío/ farmakeío?	poo ee-ne to plee-see-e-ste-ro tee-le-pho-no/ no-so-ko-mee-o/ far-ma-kee-o?

Conversación elemental

Sí	Nai	neh
No	Ochi	o-chee
Por favor	Parakaló	pa-ra-ka-lo
Gracias	Efcharistó	ef-cha-ree-sto
De nada	Parakaló	pa-ra-ka-lo
De acuerdo	Entáxei	en-dak-zee
Perdón	Me synchoreíte	me seen-cho-ree-teh
Hola	Geiá sas	yeea sas
Adiós	Antío	an-dee-o
Buenos días	Kaliméra	ka-lee-me-ra
Buenas noches	Kalin'ychta	ka-lee-neech-ta
La mañana	Proí	pro-ee
La tarde	Apógevma	a-po-yev-ma
La noche	Vrádi	vrath-i
Esta mañana	Símera to proí	see-me-ra to pro-ee
Ayer	Chthés	chthes
Hoy	Símera	see-me-ra
Mañana	Avrio	av-ree-o
Aquí	Edó	ed-o
Allí	Ekeí	e-kee
¿Qué?	Ti?	tee?
¿Por qué?	Giatí?	ya-tee?
¿Dónde?	Poú?	poo?
¿Cómo?	Pós?	pos?
¡Espere!	Perímene!	pe-ree-me-neh!
¿Cómo estás?	Tí káneis?	tee ka-nees?
Muy bien, gracias	Poly kalá, efcharistó.	po-lee ka-la, ef-cha-ree-sto.
¿Cómo está usted?	Pós eíste?	pos ees-te?
Encantado	Chaíro pol'y.	che-ro po-lee.
¿Cómo se llama?	Pós légeste?	pos le-ye-ste?
¿Dónde está…?	Poú eínai…?	poo ee-neá?
¿Cuánto tiempo se tarda…?	Póso apéchei…?	po-so a-pe-chee?
¿Cómo llego a…?	Pós mporó na páo…?	pos bo-ro-na pa-o…?
¿Habla español?	Miláte Ispaniká?	mee-la-te is-pa-ni-ka?
Comprendo	Katalavaíno.	ka-ta-la-ve-no.
No comprendo	Den katalavaíno.	then ka-ta-la-ve-no.
¿Podría hablar despacio, por favor?	Miláte lígo pio argá parakaló?	mee-la-te li-go pyo ar-ga pa-ra-ka-lo?
Lo siento	Me synchoreíte.	me seen-cho-ree teh.
¿Alguien tiene una llave?	Echei kanénas kleidí?	e-chee ka-ne-nas klee-dee?

Palabras útiles

grande	Megálo	me-ga-lo
pequeño	Mikró	mi-kro
caliente	Zestó	zes-to
frío	Kr'yo	kree-o
bueno	Kaló	ka-lo
malo	Kakó	ka-ko
bastante bien	Kalá	ka-la
abierto	Anoichtá	a-neech-ta
cerrado	Kleistá	klee-sta
izquierda	Aristerá	a-ree-ste-ra
derecha	Dexiá	dek-see-a
todo recto	Eftheía	ef-thee-a
entre	Anámesa / Metax'y	a-na-me-sa/ me-tak-see
en la esquin con…	Sti gonía tou…	stee go-nee-a too
cerca	Kontá	kon-da
lejos	Makriá	ma-kree-a
arriba	Epáno	e-pa-no
abajo	Káto	ka-to
pronto	Norís	no-rees
tarde	Argá	ar-ga
entrada	I eísodos	ee ee-so-thos
salida	I éxodos	e-kso-dos
lavabo ocupado	Oi toualétes / Kateiliméni	ee-too-a-le-tes ka-tee-lee-me-nee
libre	Eléftheri	e-lef-the-ree
gratis	Doreán	tho-re-an
dentro/fuera	Mésa/Exo	me-sa/ek-so

Al teléfono

¿A dónde está el teléfono público más cercano?	Poú vrísketai o plisiésteros tilefonikós thálamos?	poo vrees-ke-teh o plee-see-e-ste-ros tee-le-fo-ni-kos tha-la-mos?
Quisiera poner una conferencia.	Tha íthela na káno éna yperastikó tilefónima.	tha ee-the-la na ka-no e-na e-pe-ra-sti-ko tee-le-fo-nee-ma.
Quisiera hacer una llamada a cobro revertido.	Tha íthela na chreóso to tilefónima ston paralipti.	tha ee-the-la na chre-o-so to tee-le-fo-nee-ma ston pa-ra-lep-tee.
Probaré más tarde.	Tha xanatilefoníso argótera.	tha xsa-na-tee-le-fo-ni-so ar-go-te-ra.
¿Puedo dejar un mensaje?	Mporeíte na tou afísete éna mínyma?	bo-ree-te na too a-fee-se-teh e-na mee-nee-ma?
¿Podría hablar más alto, por favor?	Miláte dynatótera, parakaló?	mee-la-teh dee-na-to-te -ra, pa-ra-ka-lo?
Espere.	Perímenete.	pe-ri-me-ne-teh.
llamada local	Topikó tilefóniko	to-pi-ko tee-le-fo-nee-ma
Oficina de teléfono OTE	O OTE /To tilefoneío	o O-TE /To tee-le-fo-nee-o
cabina de teléfono	O tilefonikós thálamos	o tee-le-fo-ni-kos tha-la-mos
tarjeta telefónica	I tilekárta	ee tee-le-kar-ta

Compras

¿Cuánto cuesta eso?	Póso kánei?	po-so ka-nee?
Quisiera…	Tha íthela…	tha ee-the-la…
¿Tienen ustedes…?	Echete…?	e-che-tehà?
Solo estaba mirando.	Aplós koitáo.	a-plos kee-ta-o.
¿Aceptan tarjetas de crédito/ cheques de viaje?	Décheste pistotikés kártes/ travellers' cheques?	the-ches-teh pee-sto-tee-kes kar-tes/ travellers cheques?
¿A qué hora abren/cierran?	Póte anoígete/ kleínete?	po-teh a-nee-ye-teh/ klee-ne-teh?
¿Pueden enviarlo al extranjero?	Mporeíte na to steílete sto exoterikó?	bo-ree-teh na to stee-le-teh e-xo-te-ree ko?
Este.	Aftó edó.	af-to e-do.
Ese.	Ekeíno.	e-kee-no.
caro	Akrivó	a-kree-vo
barato	Fthinó	fthee-no

talla	To mégethos	to me-ge-thos
blanco	Lefkó	lef-ko
negro	Mávro	mav-ro
rojo	Kókkino	ko-kee-no
amarillo	Kítrino	kee-tree-no
verde	Prásino	pra-see-no
azul	Mple	bleh

Tipos de tiendas

anticuario	Magazí me antíkes	ma-ga-zee me an-dee-kes
panadería	O foúrnos	o foor-nos
banco	I trápeza	ee tra-pe-za
bazar	To pazári	to pa-za-ree
librería	To vivliopoleío	to vee-vlee-o-po-lee-o
carnicería	To kreopoleío	to kre-o-po-lee-o
pastelería	To zacharo-plasteío	to za-cha-ro-pla-stee-o
tienda de quesos	Tirokomío	tee-ro-ko-me mee-o
grandes almacenes	Polykatástima	Po-lee-ka-ta-stee-ma
mercado de pescado	To ichthyopoleío/psarádiko	to eech-thee-o-po-lee-o /psa-rá-dee-ko
verdulería	To manáviko	to ma-na-vee-ko
peluquería	To kommotírio	to ko-mo-tee-ree-o
quiosco	To períptero	to pe-reep-te-ro
tienda de cuero	Magazí me dermátina eíd	ma-ga-zee me ther-ma-tee-na ee-thee
mercadillo	I laïkí agorá	ee la-ee-kee a-go-ra
quiosco de prensa	O efimerídopólis	O e-fee-me-ree-tho-po-lees
farmacia	To farmakeío	to far-ma-kee-o
oficina de correos	To tachydromeío	to ta-chee-thro-mee-o
zapatería	Katástima y podimáton	ka-ta-stee-ma ee-po-dee-ma-ton
tienda de recuerdos	Magazí me "souvenir"	ma-ga-zee meh "souvenir"
supermercado	"Supermarket"/Yperagorá	"Supermarket" / ee-per-a-go-ra
estanco	Eídi kapnistoú	Ee-thee kap-nees-too
agencia de viajes	To taxeidiotikó grafeío	to tak-see-thy-o-tee-ko gra-fee-o

Visitas

información turística	O EOT	o E-OT
policía de turismo	I touristikí astynomía	ee too-rees-tee-kee a-stee-no-mee-a
arqueológico	archaiologikós	ar-che-o-lo-yee-kos
galería de playa	I galerí	ee ga-le-ree
playa	I paralía	ee pa-ra-lee-a
bizantino	vyzantinós	vee-zan-dee-nos
castillo	To kástro	to ka-stro
catedral	I mitrópoli	ee me-tro-po-lee
cueva	To spílaio	to spee-le-o
iglesia	I ekklisía	ee e-klee-see-a
arte local	laïkí téchni	la-ee-kee tech-nee
fuente	To syntriváni	to seen-dree-va-nee
jardín	O kípos	o kee-pos
garganta	To farángi	to fa-ran-gee
tumba de...	O táfos tou...	o ta-fos too
colina	O lófos	o lo-fos
histórico	istorikós	ee-sto-ree-kos
isla	To nisí	to nee-see
lago	I límni	ee leem-nee
biblioteca	I vivliothíki	ee veev-lee-o-thee-kee
mansión	I épavlis	ee e-pav-lees
monasterio	moní	mo-ni
montaña	To vounó	to voo-no
municipal	dimotikós	thee-mo-tee-kos
museo	To mouseío	to moo-see-o
nacional	ethnikós	eth-nee-kos
parque	To párko	to par-ko
río	To potámi	to po-ta-mee
carretera	O drómos	o thro-mos

santo	ágios/ágioi/agía/agíes	a-yee-os/a-yee-ee/a-yee-a/a-yee-es
primavera	I pigí	ee pee-yee
plaza	I plateía	ee pla-tee-a
stadio	To stádio	to sta-thee-o
estatua	To ágalma	to a-gal-ma
teatro	To théatro	to the-a-tro
ayuntamiento	To dimarcheío	to thee-mar-chee-o
cerrado en festivos	kleistó tis argíes	klee-sto tees aryee-es

Transporte

¿A qué hora sale el...?	Póte févgei to...?	po-teh fev-yee to...?
¿Dónde está la parada de? autobús?	Poú eínai i stási tou leoforeíou?	poo ee-neh ee sta-see too le-o-fo-ree-oo...?
¿Hay algún autobús hacia?	Ypárchei leoforeío gia...?	ee-par-chee le-o-fo-ree-o yia...?
taquilla	Ekdotíria eisitiríon	Ek-tho-tee-reea ee-see-tee-ree-on
billete de ida y vuelta	Eisitírio me epistrofí	ee-see-tee-ree-o meh e-pee-stro-fee
viaje de ida	Apló eisitírio	a-plo ee-see-tee-reeo
estación de autobús	O stathmós leoforeíon	o stath-mos leo-fo-ree-on
billete de autobús	Eisitírio leoforeíou	ee-see-tee-ree-o leo-fo-ree-oo
trolebús	To trólley	to tro-le-ee
puerto	To limán	to lee-ma-nee
tren/metro	To tréno	to tre-no
estación de tren	sidirodromikós stathmós	see-thee-ro-thro-mee-kos stath-mos
motocicleta	To motopodílato	to mo-to-po-thee-la-to/to
	To michanáki	mee-cha-na-kee
bicicleta	To podílato	to po-thee-la-to
taxi	To taxí	to tak-see
aeropuerto	To aerodrómio	to a-e-ro-thro-mee-o
ferri	To "ferry-boat"	to fe-ree-bot
aliscafo	To delfíni / To ydroptérygo	to del-fee-nee /To e-throp-te-ree-go
catamarán de alquiler	To katamarán Enoikiázontai	to catamaran e-nee-kya-zon-deh

En el hotel

¿Tienen habitaciones?	Échete domátia?	e-che-teh tho-ma-tee-a?
Tengo una reserva.	Echo káni krátisi.	e-cho ka-nee kra-tee-see.
habitación doble con cama de matrimonio	Díklino me dipló kreváti	thee-klee-no meh thee-plo krev-a-tee
habitación doble	Díklino me dipló kreváti	thee-klee-no meh mo-na kre-vat-ya
habitación individual	Monóklino	mo-no-klee-no
habitación con baño	Domátio me mpánio	tho-ma-tee-o meh ban-yo
ducha	To douz	To douz
portero	O portiéris	o por-tye-rees
llave	To kleidí	to klee-dee
habitación con vistas al mar/balcón	Domátio me théa sti thálassa/mpalkóni	meh the-a stee tha-la-sa/bal-ko-nee
¿El precio incluye el desayuno?	To proïnó symperilamvánetai stin timí?	to pro-ee-no seem-be-ree-lam-va-ne-teh steen tee-mee?

En el restaurante

| ¿Tienen mesa? | Échete trapézi? | e-che-te tra-pe-zee? |
| Quisiera reservar una mesa. | Thélo na kratíso éna trapézi. | the-lo na kra-tee-so e-na tra-pe-zee. |

Español	Griego	Pronunciación
La cuenta, por favor.	Ton logariazmó parakaló	ton lo-gar-yas-mo pa-ra-ka-lo parakaló.
Soy vegetariano.	Eímai chortofágos.	ee-meh chor-to-fa-gos.
¿Qué tienen fresco para hoy?	Ti frésko échete símera?	tee fres-ko e-che-teh see-me-ra?
camarero/camarera	K'yrie/Garson"/Kyría	Kee-ree-eh/Gar-son/Kee-ree-a
menú	O katálogos	o ka-ta-lo-gos
precio por cubierto	To "couvert"	to koo-ver
carta de vinos	O katálogos me ta oinopnevmatódi	o ka-ta-lo-gos meh ta ee-no-pnev-ma-to-thee
vaso	To potíri	to po-tee-ree
botella	To mpoukáli	to bou-ka-lee
cuchillo	To machaíri	to ma-che-ree
tenedor	To piroúni	to pee-roo-nee
cuchara	To koutáli	to koo-ta-lee
desayuno	To proïnó	to pro-ee-no
comida	To mesimerianó	to me-see-mer-ya-no
cena	To deípno	to theep-no
segundo plato	To kyrios gévma	to kee-ree-os yev-ma
primer plato	Ta orektiká	ta o-rek-tee-ka
postre	To glykó	to ylee-ko
plato del día	To piáto tis i méras	to pya-to tees ee-me-ras
bar	To "bar"	To bar
taberna	I tavérna	ee ta-ver-na
café	To kafeneío	to ka-fe-nee-o
marisquería	I psarotavérna	ee psa-ro-ta-ver-na
asador	I psistariá	ee psee-sta-rya
bodega	To oinopoleío	to ee-no-po-lee-o
lechería	To galaktopoleío	to ga-lak-to-po-lee-o
restaurante	To estiatório	to e-stee-a-to-ree-o
ouzeri	To ouzerí	to oo-ze-ree
tienda de meze	To mezedopoleío	To me-ze-do-po-lee-o
kebabs	To souvlatzídiko	To soo-vlat-zee-dee-ko
poco hecho	Eláchista psiméno	e-lach-ees-ta psee-me-no
en su punto	Métria psiméno	met-ree-a psee-me-no
muy hecho	Kalopsiméno	ka-lo-psee-me-no

La carta

Español	Griego	Pronunciación
café	kafés	o ka-fes
con leche	me gála	me ga-la
café solo	skétos	ske-tos cho-rees
sin azúcar	chorís záchari	za-cha-ree
poco azúcar	métrios	me-tree-os
muy dulce	glykó	glee-kees
té	tsái	tsa-ee
chocolate caliente	zestí sokoláta	ze-stee so-ko-la-ta
vino	krasí	kra-see
tinto	kókkino	ko-kee-no
blanco	lefkó	lef-ko
rosado	rozé	ro-ze
raki	To rakí	to ra-kee
ouzo	To oúzo	to oo-zo
retsina	I retsína	ee ret-see-na
agua	To neró	to ne-ro
pulpo	To chtapódi	to chta-po-dee
pescado	To psári	to psa-ree
queso	To tyrí	to tee-ree
halloumi	To chaloúmi	to cha-loo-mee
feta	I féta	ee fe-ta
pan	To psomí	to pso-mee
sopa de alubias	I fasoláda	ee fa-so-la-da
humus	To houmous	to choo-moos
halva	O chalvás	o chal-vas
kebab de carne	O g'yros	o yee-ros
delicia turca	To loukoúmi	to loo-koo-mee
baklava	O mpaklavás	o bak-la-vas
klephtiko	To kléftiko	to klef-tee-ko

Números

	Griego	Pronunciación
1	éna	e-na
2	d'yo	thee-o
3	tría	tree-a
4	téssera	te-se-ra
5	pénte	pen-deh
6	éxi	ek-si
7	eptá	ep-ta
8	ochtó	och-to
9	ennéa	e-ne-a
10	déka	the-ka
11	énteka	en-de-ka
12	dódeka	tho-the-ka
13	dekatría	de-ka-tree-a
14	dekatéssera	the-ka-tes-se-ra
15	dekapénte	the-ka-pen-de
16	dekaéxi	the-ka-ek-si
17	dekaeptá	the-ka-ep-ta
18	dekaochtó	the-ka-och-to
19	dekaennéa	the-ka-e-ne-a
20	eíkosi	ee-ko-see
21	eikosiéna	ee-ko-see-e-na
30	triánta	tree-an-da
40	saránta	sa-ran-da
50	penínta	pe-neen-da
60	exínta	ek-seen-da
70	evdomínta	ev-tho-meen-da
80	ogdónta	og-thon-da
90	enenínta	e-ne-neen-da
100	ekató	e-ka-to
200	diakósia	thya-kos-ya
1.000	chília	cheel-ya
2.000	d'yo chiliádes	thee-o cheel-ya-thes
1.000.000	éna ekatommýrio	e-na e-ka-to-mee-ree-o
un minuto	éna leptó	e-na lep-to
una hora	mía óra	mee-a o-ra
media hora	misí óra	mee-see o-ra
un cuarto de hora	éna tétarto	e-na te-tar-to
la una y media	mía kai misí	mee-a keh mee-see
la una y cuarto	mía kai tétarto	mee-a keh te-tar-to
la una y diez	mía kai déka	mee-a keh the-ka
las dos menos cuarto	d'yo pará tétarto	thee-o pa-ra te-tar-to
las dos menos diez	d'yo pará déka	thee-o pa-ra the-ka
un día	mía méra	mee-a me-ra
una semana	mía evdomáda	mee-a ev-tho-ma-tha
un mes	énas mínas	e-nas mee-nas
un año	énas chrónos	e-nas chro-nos
lunes	Deftéra	thef-te-ra
martes	Tríti	tree-tee
miércoles	Tetárti	te-tar-tee
jueves	Pémpti	pemp-tee
viernes	Paraskeví	pa-ras-ke-vee
sábado	Sávvato	sa-va-to
domingo	Kyriakí	keer-ee-a-kee
enero	Ianouários	ee-a-noo-a-ree-os
febrero	Fevrouários	fev-roo-a-ree-os
marzo	Mártios	mar-tee-os
abril	Aprílios	a-pree-lee-os
mayo	Máios	ma-ee-os
junio	Ioúnios	ee-oo-nee-os
julio	Ioúlios	ee-oo-lee-os
agosto	Avgoustos	av-goo-stos
septiembre	Septémvrios	sep-tem-vree-os
octubre	Októvrios	ok-to-vree-os
noviembre	Noémvrios	no-em-vree-os
diciembre	Dekémvrios	the-kem-vree-os